전수원 1930년 1월 12일생

© 20세기민중생활사연구단

www.minjung20.org

이 책에 실린 글과 사진의 저작권은 구술자와 20세기민중생활사연구단에 있습니다.
사전 서면 동의 없이 그 내용의 일부를 인용하거나 발췌하는 것을 금합니다.

이 책에 실린 연구성과는 한국학술진흥재단(KRF-2005-078-HL0001)의
지원으로 이루어졌습니다.

한국민중구술열전 44

전수원 全壽元
1930년 1월 12일생

기록 염 철

20세기 **민중생활사**연구단

눈빛

염철 廉哲

중앙대 대학원에서 현대시론을 전공하여 문학박사 학위를 취득하였다.
영남대 20세기민중생활사연구단 연구교수로 재직하면서 20세기 한국 민중의
일상적 삶과 문학과의 상관성에 관심을 갖고 서울·경기지역 민중의 생활사 자료를
수집하였다. 논저로는 『1930년대 문학과 근대 체험』(공저, 이회, 1999),
『한국 문학 권력의 계보』(공저, 한국출판마케팅연구소, 2004),
『장삿길, 인생길』(공저, 소화, 2005), 『이호영 1936년 6월 13일생』
(눈빛, 2007) 등이 있다.

한국민중구술열전 44
전수원 1930년 1월 12일생

편찬 총괄 — 박현수

초판 1쇄 발행일 — 2008년 12월 25일
발행인 — 이규상
편집인 — 안미숙
발행처 — 눈빛출판사
　　　　서울시 마포구 상암동 1653번지 이안상암 2단지 506호
　　　　전화 336-2167 팩스 324-8273
등록번호 — 제1-839호
등록일 — 1988년 11월 16일
편집 — 정계화·고성희·박보경·성윤미
출력 — DTP하우스
인쇄 — 예림인쇄
제책 — 일광문화사
값 7,500원

Published by Noonbit Publishing Co.,
Seoul, Korea
ISBN 978-89-7409-796-7

■ 한국민중구술열전을 펴내며

20세기민중생활사연구단과 '한국민중구술열전'

박현수

　어느 시대에나 사람들은 자기 시대가 급변하는 시대라고 생각하였다. 그러나 20세기의 변화는 그러한 급변의 시대와 달라서 한 사람이 나고 자라서 늙는 동안에 자연의 변화를 느낄 수 있을 정도의 절대적인 변화였다. 이토록 현기증 나는 사회·문화 변화의 속도는 우리들로 하여금 '20세기민중생활사연구단'의 깃발을 내세우고 그 아래 모이게 하였다. 나날이 사라져 가는 가까운 옛날의 일상을 서둘러 기록하고 해석하여 민중생활사를 중심으로 새로운 역사를 구축하기 위한 자료를 집성하기 위함이었다. 소멸과 망각의 위기에 대처하여 지난 백 년의 민중생활 자료를 살려내고 이를 전산화하여 누구나 이용할 수 있게 하자는 것이었다. 우리 이웃의 일상생활을 중심으로 새로운 역사를 구성하면 역사는 민주화되고 한국 인문학은 새로운 바탕 위에서 새롭게 출발할 수 있을 것이 아닌가. 2002년에 조직된 우리 연구단의 목적은 여기에 있다.

　우리가 걸어온 가까운 옛날을 잃어버린다면 우리는 그보다 조금 더 오래된 옛날과 분리되어 버린다. 풍경은 근경에서 원경으로 연속적으로 전개되어야 완벽한 풍경이 되듯이 시간의 풍경도 원근법을 갖추어야 한다. 시간의 깊이가 보이지 않는 풍경은 촬영장 세트처럼 우리를 어지럽게 만든다. 가까운 옛날의 역사를 상실하면 의식의 필름도 끊기는 것이다.

가까운 시대의 역사 중에서도 친숙한 생활의 역사가 제 위치를 차지해야 한다. 가까운 시대와 이웃의 생활사를 원근법에 맞춰 살려내는 것은 역사에 기록을 남기지 못한, 역사 없는 사람들의 역사를 복권시켜 역사를 민주화하는 일이다.

문헌자료를 최고의 사료로 평가하는 역사학은 그 자료의 성격과 한계 때문에 가까운 이웃의 일상적 생활사에 접근하기 어렵다. 한국 고고학은 산업화와 개발을 위한 치다꺼리에 바빠 그런 이웃의 과거에 관심을 보이지 못하였다. 이제 새로운 주제에 대한 총체적 접근을 위해서는 새로운 자료들에 착안해야 한다.

기성 학문체계를 바탕으로 하는 학문의 울타리는 이러한 접근에 도움을 주기 어렵다. 그 울타리를 허물고 20세기민중생활사연구단에 모여든 백여 명의 연구자들은 이제껏 소외되어 온 역사학의 이른바 보조사료(補助史料)들을 재평가하여 중시하게 되었다. 거대한 경관으로부터 조그만 부엌 살림살이나 어린이 장난감에 이르는 생활의 물증(物證), 앨범에 간직된 개인적 사진, 각종 서류, 이제껏 사료로서 이용되지 못한 문학작품 또 기록영화나 극영화 자료 등이 유기적으로 동원되어야 한다.

특히 중요한 것은 형태가 없는 이야기들이다. 한 사람의 가슴과 머릿속의 이야기도 몇 권의 책으로 엮을 만큼 귀중하고 풍부하다. 그러나 아무도 들어줄 사람 없고, 아무에게도 들려주지 못하고 세상을 뜨게 되는 것이 보통 사람들의 이야기다. 민중의 이야기는 역사 없는 사람들의 역사를 구성하는 기본 자료일 뿐 아니라 가장 풍부한 자료인 것이다.

흔히 역사 없는 사람이 살아온 이야기는 '생애사(生涯史)'라 불러 역사에 이름을 남길 만한 사람의 '전기(傳記)'와 구별한다. 문자 기록이 적거나 없는 집단의 역사는 에트노히스토리(ethnohistory)라 하여 문헌자료를 바탕으로 하는 '진짜' 역사, 히스토리와 구별한다. 이런 자기 문화 중심주의를 지양하지 않고서 한 걸음 나아간 역사 서술을 기대한다는 것은 어불성설이다. 문자 자료가 없는 사람들의 구술을 바탕으로 전기를 기록하는 작업은 구술자와 연구자의 대화다. 역사 서술의 주체와 객체를 통합하거나 아니면 적어도 접근시키는 일은 새로운 역사의 기본 조건이다.

역사는 항상 새로 써야 한다지만 역사를 한 번 쓰고 버릴 일회용품으로 생각하는 것은 역사허무주의에 다름 아니다. 희랍어 '히스토리아'는 원래 이야기를 뜻하다가 나중에 과거지사(過去之事)까지 뜻하게 되었다. 독일어 '게쉬히테'는 원래 과거지사를 가리키다가 나중에 이야기도 뜻하게 되었다. 같은 말로 표현되더라도 과거지사 자체와 이에 대한 이야기나 담론(談論)은 구별되어야 한다.

그렇다면 무엇이 중요할까. 고대 중국에서도 '술이부작(述而不作)'이라 하여 지어낸 이야기보다 사실 기록을 중시하였다. 사라져 가는 20세기 민중 생활의 역사에 대하여 그럴듯한 담론을 전개하는 것보다 생활의 역사에 관한 사실을 찾아내어 이를 기록해 내는 일이 절실함은 당연하다. 마지막 잎새처럼 아슬아슬하게 남아 있는 민중의 일상 모습을 기록하는 일은 지금 아니면 도저히 할 수 없다. 그것은 이 시대의 시민인 우리가 하지 않으면 안 되는 일이다. 이는 역사를 남기지 못한 채 세계적으로 가장 어려운 시대를 살았던 사람들에 대한 최소한의 예절이며, 자라날 후손에게 뿌리를 보여주는 최소한의 배려다.

이러한 작업은 그 작업 과정 자체가 중요한 구실을 한다. 자기의 일생을 이야기하여 시대를 증언하는 사람과 이 이야기를 듣고 받아내는 연구자가 마주앉는 것은 개인의 역사를 사회의 역사 속으로 또 사회의 역사를 개인의 역사에 편입시키는 일이다. 이러한 과정에서 이야기를 펼치는 노인들은 커다란 심리적 만족을 숨기지 않는다.

본 연구단은 새로운 자료들을 '디지털' 방식으로 정리하면서 전통적 방식으로 사진전을 열고 사진집을 인쇄하여 간행해 오고 있다. 2005년 여름에는 이십여 명의 구술자료로 '20세기 한국민중의 구술자서전'이라는 큰 제목 아래 6권의 책을 엮어 낸 바 있다. 이어서 한 사람의 이야기를 한 권의 책으로 펴내는 '한국민중구술열전'을 계속하여 간행해 오고 있다. 앞으로 계속 간행해야 될 이 총서를 무엇이라고 불러야 될지 활발한 논의 끝에 '한국민중구술열전'이라는 총서명이 결정되었다. 후보 제목으로 올랐던 것에는 '우리 곁의 위인' '민중이 이야기하는 어제와 오늘' '이웃이 이야기하는 우리 시대' '이웃들은 어떻게 살아왔는가' '위인전' '대비(對比)열전' '대비구술열전' '진짜 위인전' '평범한 사람을 찬양하자' 등이 있었다. 이들 모두가 본 연구단의 지향점과 이 총서의 실체를 잘 보여준다.

이제껏 눈길을 제대로 받지 못한 가까운 이웃과 옛날의 생활 모습을 총체적으로 기록, 해석하고 또 온 국민이 이용할 자료집성을 구축함으로써 빈사의 한국 인문학을 구출하겠다는 연구단의 야심찬 계획은 이제 외로운 작업이라 할 수 없다. 한국학술진흥재단의 적극적 지원을 얻게 되었기 때문이다. 이 재단을 통하여 우리는 국민의 지원을 받고 있는 것이다. 우리의 작업을 도와주는 모든 이웃에게 감사의 말씀을 드리지 않을 수 없다. 〈20세기민중생활사연구단장·영남대학교 문화인류학과 교수〉

손님 없으면 헛일이고,
또 기술 없으면 헛일이고,
돈 없으면 못허고.
아무 사업이라도
세 가지는 갖춰야 된다고

韓國民衆口述列傳 44

차례

한국민중구술열전을 펴내며 ·· 5
서문 ·· 13

1. 가족과 고향 이야기 ·· 19
2. 삼팔선을 넘던 일 ·· 39
3. 백마고지 전투에서 당한 부상 ·· 53
4. 전쟁에 대한 또 다른 기억 ·· 63
5. 뗏목장사 ·· 75
6. 실패한 조림사업 ·· 87
7. 40년 넘게 구워 온 숯 ·· 93
8. 숯과 목초액에 대한 애정 ·· 105
9. 아내 최선녀의 구술 ·· 115

가계도 ·· 125
연보 ·· 126

서문

염철

　전수원(全壽元, 남, 1930년생)을 처음 알게 된 것은 여주군청 홈페이지를 통해서이다. 홈페이지에 따르면 그는 40여 년 가까이 쉬지 않고 숯 굽는 외길 인생을 살아온 공로로 제1회 '경기 으뜸이'로 선정된 인물이었다. 처음에는 이 때문에 전수원을 구술자로 선정하는 일이 망설여졌다. '경기 으뜸이'의 선정 기준이 어떻든지 간에 그가 상을 받고 언론에 노출되었다는 점은 연구단의 구술자 선정 기준에 부합하지 않는 측면이 있다고 생각했기 때문이다. 하지만 최근 웰빙이나 환경친화적인 삶이 이슈가 되면서 숯에 대한 관심이 높아지고 있다고는 하더라도 숯을 굽는 일이 오랫동안 사람들의 주목을 받지 못한 것도 사실이다. 이 점에서라면 20세기 한국의 민중들이 대체로 그러하듯이 그의 삶 역시 지난한 굴곡의 과정을 거쳤을 것이 분명하다는 생각이 들었다. 결국 그의 구술을 듣기로 결정하고 그가 살고 있는 여주군 산북면 하품 1리를 찾아갔다.

　그가 사는 곳은 좁고 굴곡이 심한 편도 1차선 도로를 타고 여주 읍내에서 30분을 넘게 달려야 하는 외진 곳에 위치하고 있었다. 한 시간을 넘게 헤매면서 어렵사리 길을 물어 그의 집에 도착하니 입구 쪽에 자리

잡은 대형 숯가마가 제일 먼저 사람을 맞이했다. 숯가마를 지나 조립식으로 지어진 본채의 문을 두드리자 작지만 다부진 인상의 구술자가 나오더니 무슨 일로 왔느냐고 물었다. 연구단이 하는 일을 간단히 소개하고 인터뷰를 요청했다. 그러자 그는 이전에도 언론사 기자와 인터뷰를 한 적이 있는데, 나중에 알고 보니 잡지를 강매하기 위한 수단이었다면서 인터뷰를 거절하려고 했다. 하지만 이미 출간된 민중구술열전 등을 보여주며 그와 같은 일은 없을 것이라고 설득하자 잠시 망설이던 그는 자신이 살아온 내력을 이야기하기 시작했다.

일단 구술을 시작하자 기억력도 좋고 입담도 좋아 이야기를 끊을 새도 없이 과거의 기억을 술술 털어놓기 시작했다. 그는 초등학교를 졸업하고부터 고향을 떠나 외지로 떠돌아다니던 이야기에서부터 6·25 당시 백마고지 전투에 참전해 부상을 당한 이야기까지를 순식간에 쏟아냈다. 구술자에게는 이 시절의 이야기가 가장 선명하고 의미 있는 기억으로 남아 있는 듯했다. 특히 백마고지 전투 이야기를 할 때는 바지를 걷어가면서 파편이 박힌 자리를 직접 확인시켜주기도 했다. 생사를 넘나들며 치열한 전투를 치렀고 그 과정에서 부상까지 당했기 때문에 그에게는 잊으려야 잊을 수 없는 기억이었을 것이다. 게다가 참전용사에 대해 지금까지 정부가 보여준 무성의한 태도 역시도 기억을 선명하게 하는 데 일조했던 것으로 보인다.

한편 첫번째 구술과는 달리 두 번째부터는 주로 방에서 구술이 이루어졌는데, 방 안에는 참전용사 증명서나 여주군청에서 수여한 효자상 같은 것들이 걸려 있어 구술자의 생애를 짐작하게 해주었다. 첫날의 구술만큼 술술 풀리지는 않았지만 이후의 구술에서도 남한강 뱃길을 이용해 목재상을 하던 이야기, 숯을 만들어 팔게 된 내력에서부터 숯장사가 한창 주가를 올리던 시절 이야기, 5·16 이후 숯장사가 하락의 길을 걷게 되던 이야기, 한국일보 조림시범단지 사업을 맡았다가 망한 이야기 등을 자세하게 들려주었다. 구술 과정에서 그는 요즘 젊은 사람들이 숯 굽는 일이나 목초액 제조에 좀더 많은 관심을 기울였으면 하는 바람을 강하게 드러내었다.

전수원은 40년 넘게 양평, 여주 지역에서 숯을 굽고 있는 인물이다. 4남 2녀 중 차남으로 태어나 고향인 충주에서 초등학교를 졸업하고 육군양성소에 입소 허가를 받는다. 하지만 형과 함께 보국대 일을 하다가 입소 기일을 넘기는 바람에 입소가 취소되고 말았다. 그때부터 6·25가 나던 해인 1950년 12월까지 그는 고향을 떠나 서울을 거쳐 원산, 함흥 등지를 떠돌면서 달구지 장사, 농장 종업원, 고추 장사 등의 다양한 인생 체험을 한다. 1949년에는 고향에 자주 들르던 보따리 장사의 중매로 결혼도 한다.

전쟁이 발발하자 그는 사선을 뚫고 월남을 감행한다. 당시 아홉 명 정도가 함께 삼팔선을 넘어왔는데 살아남은 사람은 구술자 한 사람뿐이라고 한다. 고향인 충주로 돌아온 지 얼마 안 되어 군에 입대한 그는 백마고지 전투 중에 적의 포탄 파편을 맞고 후방으로 후송된다. 그 후 얼마 안 있어 휴전협정이 체결되자 후방에서 곧바로 제대한다. 하지만 지금도 허벅지 부분에는 당시 포탄에 맞은 자국이 선명하다.

군에서 제대한 후 그는 충주에서 목재 장사를 시작한다. 충주, 양평, 여주 등지의 산을 돌아다니며 목재를 채취하여 뗏목으로 엮은 다음 남한강을 거쳐 광나루에 이르는 물길을 이용하여 목재시장에 내다 팔아 상당한 수입을 올리기도 했다. 광나루에는 전법용, 유작은술 등과 같은 목재 중개상이 있었는데 3할의 수수료를 제공하면 이들이 알아서 목재를 모두 처분해 주었다. 이때는 가끔씩 광나루에 배를 띄우고 술잔을 기울일 수 있는 여유도 있었다.

뗏목장사를 하던 1960년대 중반 무렵 우연히 자신이 부리던 벌목꾼 중에서 숯 굽는 기술자가 있다는 것을 알게 된다. 정부에서 목재 반출 허가를 제대로 내주지 않았기 때문에 목재상을 계속하기가 어려웠던 상황에서 숯장사는 그에게 상당히 매력적인 사업으로 다가왔다. 처음에는 산에 직접 가마를 꾸리고 숯을 구어 내다가 1970년대 초에는 여주군 산북면에 자리를 잡고 숯공장을 차렸다. 숯장사 초기에는 숯의 수요가 많아 한때는 150여 명의 인부를 부릴 정도로 큰 규모의 공장을 운영하기도 했다.

이 무렵 그는 한국일보사의 수주를 받아 여주에다 조림시범단지 조성 사업을 맡는다. 그런데 사업이 끝나고도 한국일보사에서는 사업 대금 28만원을 지불하지 않았다고 한다. 이 일로 그는 벌어 놓았던 돈을 모두 잃고, 식구들마저 길거리로 나안게 될 곤경에 처한다. 한국일보사 본사를 직접 방문해 돈을 지급하지 않을 경우 법원에 내용증명서를 제출하겠다는 으름장을 놓고 나서야 그는 한국일보사로부터 대금을 지급받는다. 밀린 이자와 인부들의 임금을 지불하고, 남는 돈으로 다시 숯장사를 시작할 수 있었다. 그 이후에도 거래선이었던 대한제지의 부도로 대금을 받을 수 없는 상황이 발생한다. 이때도 그는 한 달 동안 서울로 상경해 대한제지 본사에서 기숙하며 우여곡절 끝에 거래 대금을 받아냈다고 한다.

  1990년대 초 그는 기계 관련 일을 하는 둘째 아들의 도움으로 숯을 구울 때 나오는 목초액을 받을 수 있는 장비를 설치한다. 최근에는 10여 명 내외의 인부들을 데리고 소규모로 숯을 구워내기는 하지만 이 목초액까지를 판매하면 한 달 수입이 3백만 원 정도는 되어서 먹고 사는 데는 크게 지장이 없다고 한다. 그래도 이제는 숯을 굽는 일이 힘이 들어 젊은 사람에게 숯공장을 물려 주고 싶은데 허가 조건이 너무 까다로워 신규 허가를 내기가 어렵기 때문에 뜻대로 일이 풀리지 않는다고 한다.

  40년 넘게 숯을 구우면서 그가 얻었던 많은 경험들이 우리들의 기억 저편으로 사라지지 않고 전승될 수 있었으면 한다. 마지막으로 인터뷰에 응해 준 구술자와 구술자의 아내에게 고마움을 전하고 싶다.

1. 가족과 고향 이야기

구술자가 살고 있는 집에서 찍은 사진이다. 뒤로 보이는 집은 구술자가 1970년에 여주로 처음 이사올 때 직접 지은 집이다.

가족 이야기 좀 해주세요.

가족은 우리 애들이 오남매고, 우리 어머니 모시고 있다가 돌아가시고, 우리 두 내외고. 우리 아버지는 그전에 참 열심히 사신 양반이야. 참 고상(고생) 그 고상 많이 했지. 그러다가 내가 군대간 후로 돌아가셨다고. 내가 첫 주간병에 걸렸는데 편지가 왔다고 해서 보니까 아버지가 돌아가셨다고. 그것도 돌아가신 뒤 한 보름 돼서, 한 십오 일 후에 나를 편지를 갖다 주더라고. 그래 뭐, 그때 휴가를 보내 주나? 그리고 우리 외갓집이가(외갓집이) 아들이 없어요. 외할아버지 외할머니 내가 한동안 모시고 있었고.

아버님 함자는?

전장명이라고, 장자 명자여. 우리 아버지 날 때 아들이 귀해 가지고 논 삼천 다랭이에서 나락을 훑어 가지고 진메밥을 해서 먹었다는 거여. [우리 아버지는] 독자여. 우리가 사형제.[1) [위로 형님이] 한 분 있지. 그리고 우리 형님, 나, 내 밑에 누이동상(동생) 그 담에 또 누이동상 남동상 하나 남동상 하나. [그래서] 칠남매였었지. 아 가만있어 봐. 나, 성배, 동배, [그러니까] 육남매여. [이제는] 다 죽었어. 지금은 누이동상 하나밖에 없어. 위에 형님은 행방불명되고. 육이오(6·25) 때 의용군 나가서 [그랬지]. 지금 [북쪽에] 살아 있다고, 요 몇 해 전에 연락이 왔는데, 모르지. 이제 내가 가서 한 번 물어봐야지. 황해남도 있다던데. 몇 해 전에 [연락이] 왔어. 그런데 이산가족 만나지는 못했지. 한번 만나 보려고 하는데, 뭐 이젠 나이가 많아서…. [형님이] 나하고 헤어질 때가 내가 스무 살 때였어. [그때 나도] 의용군으로 갔다가 도망해 왔는데, 그때 다 붙잡아 갔잖아.

구체적으로 아버지에 대한 기억 같은 건 없나요?

아버지가 뭐, 늘 일만 하시고 그러시고, 정직하신 분이야. 너머(너무) 고지식하신 분이라고…. 그리고 우리 할머니가 아들이 없어 가지고 삼천 논다랭이서 밥을 해 가지고, 논 삼천 다랭이[에]서 벼를 주워다가 찧어 가지고 첫곡밥을 해주는 거라. 아들이, 손이 귀해 가지고…. 그러면 나는 [그런] 얘기 듣고, 우리 할머니 돌아가실 때 아들이 없고, 그래서 내가 상주노릇 하고 그랬다고. 우리 할머니는 그때 몇 년돈가, 구십사년도에 돌아가셨나.

그럼 아버님하고 어머님은 농사지으신 거죠?

그전에 옛날에 뭐 농사였지 뭐. 그저 내 토지 없고 남의 토지나 뭐 지은 거지. 맨날 우리 아버지는 진지 잡숫고 무어 농사만 짓고. 또 우리 아버지가 지붕을 잘 이었다고. 지금 저기 지붕 있는 거 모양으로 지붕 기술자로 해서 그런 거 가을이면 하시고. 그리고 맨날 짐질만 하시고. 또 반띠기라고 있다고. 반띠기가 뭐냐면, 논이 한 다랭이는 높고 한 다랭이는 얕으면 그걸 캐(갈아) 가지고, 농경지 정리하는 거라고. 그런 걸 지게로다 파 짊어져 가지고 채우고 그랬다고.

어머니에 대한 기억은 없고요?

어머니는 내가 모시고 있다가 돌아가시고 그랬지. 내가 객지에 갔을 때, 함경도에 갔을 때 삼사 년 동안 밥을 매때 해놨다고. 그리고 점을 몇 수백 번 봤다고. 그랬다는 얘기 듣고…. 내가 그래서 잘 무사히 살아온

어머니의 환갑 잔치에 모인 가족들의 사진이다.

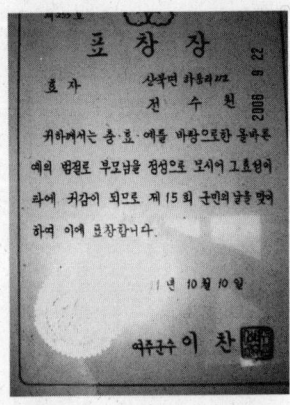

구술자는 어머니에 대한 효행을 인정받아 여주군청이 수여하는 표창장을 받았다.

것 같고. 한 번은 점을 했는데 내가 몃 장 속에 있다고, 아주 그냥 며칠을 우셨는지 모른대.

군대에 계실 때예요?
해방돼 가지고 이 년 후에.

어린 시절 이야기 좀 해주세요?
핵교 다닐 때 소 풀만 베러 다니는 거라. 핵교 갔다 오면 책보 그냥 내던지고 소 풀만 비는 거야. 소꼴을 비어다가. 그게 내 일이라. 말하자면 책임이야. 그래 다른 애들은 뛰어댕기는데(뛰어다니는데) 나는 맨날 풀만 베다 멕이는(먹이는) 거라. 열한 살에서부턴가. 열두 살부턴가, 그리고 장터 가서 호박 따다가 팔아 가지고 월사금 일 원 오십 전 해고(하고). 거 우리 동창애들 얘기허면(하면), 동창애들은 우리 아버지가 이엉 잘 잇는 거 얘기허고. 그래 그거 [이엉] 이면 우리 아버지가 떡을 가져오신다고. 그러면 떡도 먹고. 뭐, 내가 음악만 빼놓고 다 잘했다고. 누구한테 빠지지 않고 다 잘했다고. 내가 힘도 좋고. 어려서 그때 호박 따다 팔아 가지고, 저, 월사금 낸 것하고, 겨울에는 산에 가서 나무한 게[가 제일 기억에 남지]. 한 육 키로(킬로미터) 오 키로 이상 되는 데서 나무 해다가 팔아 가지고 시장에 팔아 가지고…. [나무는] 한 오키로 되는 데서 가서 했어. 거기가 삼청면이지. 시장은 엄정면 시장에 가서 했지(팔았지). [나무를 갖다 팔면] 월사금은 했지. 그때, 겨울에 [나무] 해놓고 호박은 여름에 따서 팔고. 월사금은 일 원 육십 전인데.

결혼은 언제 하셨나요?

군대 가기 전에 결혼했어. 객지에 갔다 오니까 또 나갈까 봐 우리 아버지가 우리 형님하고 강제로 결혼을 시키는 거라. 그때가 내가 스무 살 때지. [전쟁] 나기 전에 했지. [그때는] 가마 타고 했지.

말 타고 하신 게 아니고요?

말이 어딨어. 가마 타고 했지. 여자도 가마 타고. [바깥에 있는 아내에게 큰소리로] 나, 가마 타고 장개들었지(장가들었지). 중매는 여, 뭐 장사꾼이 했는데, 장사꾼 뭐 보따리장사 하는 아주머니가 있는데 그이가 했다고. 내가 또 집을 뛰쳐나갈까 봐서 결혼부텀 시키자고 그래 놔서는. 우리 형님이, 저 창신동(서울 신설동 소재) 국민학교 뒤에 하꼬방(쪽방)을 하나 지어 놓은 게 있어요. 그거이 내를 장개들일려고 오만 원에 팔았어. 그래 가지고 나를 결혼시킨 거야. 그때 오만 원이면 크지.

중매 이야기가 있고 나서 얼마 만에 결혼하셨나요?

한 댓달 만에. [혼수는] 그땐 뭐 유땡치마허고 원단저고리가 최고지. 신부 측에서 해온 건 뭐 농하고….

장인어른 함자는?

장인어른 함자가 최민수. 우리 안식구 무식장이야. 우리 장인은 아니라고. 우리 장인은 학자라고. [처가는] 수안보[인데], 나중에 제천 중앙로로 이사를 했어요.

1. 가족과 고향 이야기

땔감은 뭘로 하신 건가요?

산에 가서 나무 해다 때고. 나무는 내가 산판일을 해서 많았지. [연탄 같은 것은 한 번도] 안 뗐어. [지금은] 저거여. 지름 보일러(기름 보일러). 저거(본채 앞에 있는 행랑채를 가리키며) 저거는 지금도 나무로 때고. 저건 뭐 쓰지도 않으니까. 연탄은 서울에 내가 갔을 때, [초등학교] 졸업 맞고 갔을 때, 가서 탄으로 밥하고 이럴 때 써봤지. 서울 신설동에서. 초등학교 졸업 맞고 사월에 갔었지. 그러니까 그때가 몇 년도야? 열여섯 살에 졸업 맞았으니까. [사십오년 사월인가?] 해방은 함경도 가서 맞았어. 원산[에서].

그럼 신설동에서 어떤 일 하신 거예요?

거 가서 취직하려고 갔더니 대광고무공장에 취직하려고 갔더니…. [근데] 내가 육군양성소에서 시험을 쳐서 합격이 됐었다고. 저 부평에 있는 육군양성소라고 있었다고. 군사공장이야 군사공장. 거기서 학교 육학년 때 내가 시험을 쳐서 합격이 됐는데, 거기로 오라고 여행증명서하고 신분증명서하고 다 받았는데, 저 용안저수지라고 충주 가는 데 용안저수지가 있다고. 그 저수지 막으러 그 부역이 나왔어. 왜정 때 거기 갔다가 오는 바람에 거기 [육로양성소에] 사월 이십이일날까지 오랬는데 사월 이십이일 지나서 왔다고(갔다고). 그래서 거기 못 들어가고 그냥 저기 저 신설동에, 오촌 당숙이 계신 데 거기 갔었지.

그래서 다시 친구분하고 원산으로 가신 건가요?

아니, 저기 답십리 집터 다듬는 데 있었다고. 그때 [답십리는] 집 한 채도 없었다고. 하루 오 원씩 받고, 밥값을 일 원 육십 전씩 받고, 이 가

구술자가 여주로 이사할 때 흙벽돌집을 구해 직접 지은 집에서 큰 딸, 작은 아들과 함께 찍은 사진이다.

구술자가 현재 살고 있는 집이다. 1990년대 초에 흙벽돌을 뜯어내고 판넬 집으로 개조했다고 한다.

마떼기(가마니) 함바(작업장 근처에서 운영하는 간이식당)에서 자면서 있다가서는, 하루에 오 원씩 받고 있다가서는, 돈이 한 이백 원인가 됐다고. 그래 가지고 흑석동에 와서 있다가 흑석동서 친구를 만나 갖고 거길 간 거야. 저 만주 간다고 출발했다가, 친구는 저 원산서 가서 붙잡혀 가는데, 원산서는 나왔는데 함흥 가서 붙잡혀 가지고, 왜정 때 헌병한테 붙들려 가지고 안 나와서 나 혼자 갈 수도 없고 이래서 거기서 나온 거지.

이 집은 언제 지으셨나요?

이거 사 가지고 왔어. 먼저 집을 뜯어내고서 새로 지은 거여. [먼저 집은] 벽돌로다가 집 지은 거, 흙벽돌로다가 지은 집을 구천 원에 사 가지고 왔어. 아, 여기 (본채 앞에 있는 사랑채를 가리키며) 쪼끔 있는 거, [그거는] 방 두 칸하고 부엌하고밖에 없었지. 전부 석고로 해논 거. 이거 [이 동네에] 여기 네 채가 살다가 허물고서 지은 지가 생각은 잘 안 나는데 한 십 년 넘었지. 저 집도 그 전에 짓고.[2] 저거는 그러니께(그러니까) 한 칠십년도에 지었을 거야. 그때 내가 나무장사를 했기 때문에 재료는 내가 갖다 하고, 목수만 사고, 인부는 우리 집에 인부가 한 팔십 명 정도 있으니께(있으니까) 그 사람들이 많이 [집 짓는 일을] 하고.

어려서 사시던 집은 구조가 어땠나요?

구조는 뭐 저거지. 방이 세 개, 마루 하나, 부엌하고 이렇지 뭐. 네모반듯한 집이지. [종이에 그림을 그리면서] 안방이 이짝(이쪽)에 하나 있고 윗방이 있고, 마루가 이 앞에 있고. 어, 마루가 그래 앞에 있고, 저기 사랑방 있었고, 요 웃방, 요 아랫방 부엌이, 여기고 인제…. [집이] 조금

길지. 앞엔 논이고 뒤엔 밭이고, 개울이 앞에 바로 있고, 조그만 개울[이야]. 글구 전부 논이구. 우린 따로 외딴집이야. 그 뒤로는 집이 아주 많이 있었지, 시장까지 아주 연결해서 있었지, 한 백 호, 한 이백 호 넘었어. 시장까지 해서.

그러면 거기에 집을 아버님이 지으신 건가요?

사 가지고 갔지, 우리 아버지가 사 가지고 갔지. 저번에 여기 있다가 안림동에 있다가, 충주 시내에 과수원 있는 데 [거기서 살다가 이사를 간 거지]. [안림동이라고] 지금도 있어. 거기 동회로 가면 안림동 상회가 있다고.

아버님은 어떤 걸 하셨는지?

농사지셨지 뭐, 크게도 안 하고. 어서 땅이 있어 가지고 좀 하다가, 땅을 팔아 가지고 글로 갔는데 거기 가선 땅을 살 수간 없어. 한 사람이 다 점령을 하고 있으니까. 그 이요성이라고 유명한, 씨 천 석을 하는 부자여. 이요성 씨라고, 아주 대부자여. 씨로 천 석을 하는 게여. 이 종자로 다 천 석을 한다고.

그러니까 소작료를 받은 것이 천 석이었다구요?

그럼. 그 이요성 씨 동생이 몇 형젠데 거기가 다 부잔데, 그 이희승[3]이라고 자민당으로 나왔는데, 국회의원을 다섯 번을 차점을 했어. 그 차점을 하다 여섯 번짼가 가서 그 저거 돼서 국회의원을 한 번 했어. 이희승 씨라고, 그전에 중앙대학교 교사여. 그 사람이 중앙대학교 교수여. 중앙대학교가 저 흑석동에 있는데 거기서 우리가 학교 앞에서 떡공장이 있는데, 서울에서 있을 때 떡 실어다 먹고 그랬는데. 국회의원 다섯 번 차석하고 여섯 번 만에 한 번 했어. 자민련[4]으로 나와서. 이 사람이 인심을 잃었기 때문에, 저희 형이 인심을 잃어서, 거기 몰표만 나와도 국회의원까지 대번 되는데 아주 깍쟁이로 해서 이갈가지라고 소문난 사람이여. 별호가 이갈가지여. 그 사람이 강원도서 기계로다 장사하다가 부자된 사람이야. 같이 댕기는 오야붕이 죽어 가지고 그 밑에 따라 댕기다가 인수를 해 가지고 [부자가 됐어]. 무지헌 부자여. 이제는 다 망했어.

그럼 땅을 못 사셨으면 아버님은 어떻게 하셨나요?

그래 갖고 돈을 다 까먹고 거서 소작만 했다고. 논 한 열여섯 마지긴가를 소작만 하다가 기냥(그냥) 거 우리 고향 충주댐 있는 데 거기 왔다고. 난 그때 없었어. 저 위에 올라가 있었다고. 저 이북에 가서 있었고.[5]

어려서 옷은 어떻게 입으셨어요?

명으로 해 가지고, 그 목화로 해서 짜 가지고 입었지. 우리 어머니가 아주 전문가 아니야? 우리 할머니도 계셨고. 할머니하고 우리 어머니하고 이래서 그 옷을 전부 그걸로 해 입었지. [양복은] 왜정 때는 입을 수가 없고, 해방되고 [조금] 있다가 입었지. [이북에 갈 때] 서울에서 사 입고 갔지. 아마 청량리 있을 적에 그때 샀을 거야.

양복 입으니까 느낌이 이상하지 않았어요?

이상하지. 한복 입다가 그걸 입으니까. 우리 대동아전쟁 그때 어디 싱가포른가 어디 탈환해 가지고 학생당 공 하나씩 줬다고. 그래서 고무신, 우쩌다(어쩌다) 나오면 뽑기 하든지 해서 먼 데 있는 애들 주고. 운동화~. 근데 죄다 쓰레빠(슬리퍼) 아니면 게다, 짚세기, 요거만 신고 다녔어. [슬리퍼는 거의 없고] 대개 짚세기 신고 다니고, 가까운 사람은 게다 신고 다니고, 게다(왜나막신)는 나무로 이렇게 해서 [만든 거지]. 내가 화신에 올라가다, 서울 있을 때 화신에 올라가다, 오층에 올라가다, 게다 끈이 떨어져서 저 게다를 벗어 가지고 전차를 타고 신설동으로 왔었다고. 그때는 화신이 제일 높았거든. 서울 시내 밥 먹고 할 거 없으니까 거기 맨날 돌아다니다가 취직이 안 돼 가지고 내중에 [이북으로 갔지. 그때 화신에서는] 영화 했지. 저기 육층에는 아마 영화관이 있었지. 아, 육층인지 오층인지 영화관이 있었어. [거기서 영화도] 봤지.

그때 어떤 영화 보셨는지?

몰러(몰라). 그건. 미스코시[백화점] 거기도 좀 가 봤지. 그런데 뭔 거긴 높은 데만 가보고. 그때는 초가집이 있었는데 서울에 저 자하문 밖에 그리 나가면, 저 자하문 밖에 거기가 무슨 동이지? 저 쪽에 자하문 밖이라고. 의정부 가는 쪽으로, 의정부 쪽인지 퇴계원 쪽인지, 그 미아리 고개 넘어서 수유리 거기 뭔 앵두나무도 있고 초가집도 있고, 그렇지. 미나리꽝 있고. 전차 타고 [다녔지]. 전차삯이 십오 전이여. 십오 전만 내면 노리까이 해 가지고 하루 종일 댕겨. 여자 차장 있었고. 일본말로다 하는. 경마장은 저기 저 안암동인가 신설동 앞에 있어. 뚝섬 [경마장은 나중 갔어. 거기서 갔어. 이 신설동이 이렇게 있으면 여기가 청량리 가는 쪽이고 요 앞에 이렇게 있었어. [경마장도] 들어는 가 봤지. [그건 뭐] 놀음놀이지, 뭐. 경마가 뭐 시원찮았어. [그때는] 그거 뭐 나이 쪼끄만 놈이 무슨 돈 있어? 구경만 했지.

혹시 댁에서 주로 먹는 음식 같은 것은 있으셨나요?

아이 그땐 죽이나 쒀 먹고 그렇지. 저기 쑥 같은 거 캐서 쑥버무리 해 먹고, 기울로다가 버무리 해 먹고, 저기 양계장 가서 모주 이런 거 사다 먹고, 먹는 건 만날 죽이여. 그렇지 않으면 국수, 수제비 이런 거지. 수제빈 좀 낫지. [늘] 국수 해서 먹고 [그랬어]. 우리가 거서 강가에, 지금 나룻배 앉은 데, 배타는 데⁶, 거 이쪽으로 보면 우리 여기 거 진외가집이 밭이 한 이천 평도 넘는 밭이 있었어. 거긴 호밀밖에 못 심어. 장마 지기 전에 밀 한 번만 베면 그만이여. 그거 해 가지고 호밀, 만날 호밀 국수만 해먹고 그랬지. 보리밥 해 먹고. 돼지를 잡으면 일 년에 한 번[이나 잡았나?] 해방되고는 동네서 우쩌다(어쩌다) 잡으면 한 번씩이나 그냥 타다 먹고. 일 년에 한 두어 번 사다 먹고 그렇지. 뭐 형편이 다 어려웠었다고 해방 되가서도 엄청 어려웠었다고. 나중에는 돼지고기 좋아해서 그거 엄청 많이 먹었지. 지금 뭐 살기 좋을 만하니까 죽는 거지. 지금은 뭐 그런 거 이빨이 자꾸 나빠서 잘 먹지도 못하고.

어르신 댁에서는 제사를 어떤 식으로 지냈는지?

제사는 뭐~. 왜정 때 제삿날만 오길 바랐지, 우리는. 쌀밥 좀 먹어 볼까 하고. 제삿날하고 명절날 빼고는 쌀을 찌어다 맘대로 집에다 들여 놓지를 못해요. 내가 열 섬을 차지했다면 공출은 열 섬도 넘게 나올 때가 있어. 그럼 무조건 갖다 파묻는 거여. 쌀을 찌어다 감추는 거여. 만날 뒤지러 오고, 아유 없다고 그러고. 땅 속에 묻어 놓으면 지들이 찾을 수 있어? 그래 가지고 어쩌다 밥을 해 먹고. 만날 가마니 치고. 가마니 공출해 간다고 만날 저녁에 가마니 치고, 아버지 하고 나 하고 내 누이동상 하나 하고 해서 셋이 치고. 아이 말도 못해. 배가 고파서 저 뭐여. 소나무 껍질, 송기 그거 갖다 먹고, 칡뿌리 그거 해서 먹고 그랬어. 또 광솔 따오라고 해서 핵교(학교) 댕길(다닐) 때도, 오학년부턴가 광솔을 전부 산에 가서 따다가 가마솥 가마 같이 골을 이렇게 내 가지고 파 놓거든. 거기다 [불을] 때 가지고 기름을 내려 가지고, 그게 비행기 기름 한다는 거거든. 그 학교 학생들은 만날 산에 가서 광솔 옹이 해서 따다가 그거 해 가지고서는 비행기 기름 한다고~. 아휴~. 지금은 저 위안부 때문에 말들을 [많이 하잖아]. 그때 여자 공출을 한다고 시집들 막 가고 그랬어. 붙잡아 간다고. 거 이놈의 새끼들은 강제동원 아니라니까 [하고 그랬지만], 아 붙잡아갔는데 뭘~. 아, 군대 가서도, 군대 어떤 사람이 갔는 줄 알아? 남의 집 살이 하고 농촌[사는 사람들이었어]. 하여튼 중학교 이상은 없어, 전방에서 근무하는 [사람들 중에는] 혹간 중학교 졸업 맡은 놈 있지. [그리고는] 없어. 그 위로는. 있어 봐야 연대나 사단에 근무하지. 그런 놈들은. 편지를 못 써서, 집으로 전부 편지를 못 써. 저기 전라도 이상갑이라고 내 잊어버리지 않지만 그 사람 죽었어. 박격포 탄알 메고 죽었는데, 분대장을 잘못 만나 가지고 [죽었어]. 박격포 사순데, 나 그때 일분대장 하고 [있었고], 그 사람은 이분대에 [있었는데] 포탄알 메고 죽었어. 그 사람이 편지 써줬어. 나이가 그때 우린 스물세 살이고 그 사람은 서른세 살이여. 그 사람이 편지를 분대원들 거 써서, 소대원들거 써서 부쳐 주고 [그랬어]. 우리 아버지가 돌아가셨는데도 [편지를 제대로 못 받았어]. 내가 주간병을 했어. 일등병 때 주간병을 하는

데 편지가 왔다[고 해서] 보니까 우리 아버지가 돌아가셨[다는 거야]. 그런데 장사 지낸 지가 열흘이 지났어. 그때서 편지를 주는 거야, 편지를. 어유, 정말…. 접때 외국 가서 죽은 거 장사 지내고 뭐하고 [하는데][7] 우리는 백마고지서 그때 아군 죽은 걸 갖다가 전화줄로 모가지를 묶어 가지고 끌고 내려오고 그랬어. 사람을 봐야 전사보고서를 내거든. 실종자 [있는 걸 알고] 그러니께. 그래서 아군을, 같은 전우를 모가지 끌고 내려오고. 아유~. 접때 그런 걸 보니께 우리는 죽을 때 빽하고 죽는다는 거여. 빽(배경)이 없는 놈들만 군대에 간 거여, 전부. 또 돈 있고 그런 놈들은 근무해 봐야 후방 근무만 하고. 이제 전쟁이 나면 전후방이 없겠지만, 그 전에는 전후방이 완전히 뭐뭐뭐…. 후방에서는 죽을 필요가 없는 거여. 자동차에 치이면 모를까. 죽을 필요가 뭐 있어. 아유~ 한국 사람들 그게 틀려(잘못됐어). 전쟁은 전후방이 이 전방이나 후방이나 서로 일치해갖고 단결해야지 전쟁에 밀고 나갈 수가 있는데, 휴가에 나오면, 이 서울 같은데 나오면 이거 뭐 전쟁을 하고 있는 나란지 거의 모른다고. 춤추고 돌아댕기고(돌아다니고), 양놈들 앞에 색시 끌고 다니고, 그리고 술집에서 니나노나 찾고 이러니 이게 도대체 전쟁을 하는 나란지…. 전방에선 매일같이 수백 명씩 수천 명씩 죽어 자빠지는 거여. 부상자는 서울에 병원에, 부산까지 그냥 병원에 [수두룩한데 말야]. 학교 강당이 있었어. 복도고 강당이고 교실이고 우리 부산 저기 뭐여~ 중학교에 있었는데 아주 강당에 마루바닥에 강당에 거기 침대 놓고 그냥 있었고, 뭐 말할 수 없어. 다리 하나 끊어진 놈에 눈 먼 놈, 발 하나 끊어진 놈에 다리 하나 끊어지고 또 그런 놈들 아주 별 환자가 있어. 사족 절단할 환자가 우리 병원에 둘인가밖에 없는데, 오 육군 병원이 거기 있었거든. 부산에. 거긴 다섯 명이 있었어. 팔이 둘이 없고 다리 둘도 없고 팔 둘도 없고 몸뚱아리만 있어. 그래도 살았어. 그래 갖고, 아유~. 그러니 어떻게 해.

시계는 언제 처음 사신 거예요?

시계는 군대 갔다 와서 찼지. 군대 갔다 와서 내가 돈을 많이 벌었어. 맨날 일해 가지고 새벽같이 일어나 가지고 저 낭구(나무) 베어다 광산에 갱목 납품하고, 막 베어다 그냥 [납품했지]. 시계, [그때는] 비쌌지. 라디오는 못 사고. 그런데 내가 또 장사를 했다고. 군대 갔다 와서 바로. 군대 갔다 와서, 장사 조금 했지, 비단장사도 하고. 부산 가서 사다가 여기[8] 팔고. 그냥 짐보따리 장사지. [부산에는] 열차 타고 갔지. 여서 저 잡곡을 가지고 가고, 팥 이런 거, 참깨 이런 거, 부산 가서 팔고, 그 돈으로 [비단을] 사 가지고 오고 [그랬다고]. 거기 무슨 시장인가, 범일동 시장인가 거기 [가서 사왔다고].

범일동 시장이요?

내 친구가 거기 병원에 있었다고. 내(나하고) 한동네 살았는데, 몇 달 전에 죽었어. 이종수라고. 나하고 아주 한동네 한동갑이고, 군대 가서 같이 있었고. 그 사람 백마고지서 부상당해서 내가 업어다 트럭에다가 실어 줬어. 그랬는데 그 부상을 당한 걸 고쳐 가지고, 부산 병원에서 기간 사병으로 남아 있었다고. 그러다가 [거기] 위병 중사인가 그 사람이 있었고 그랬는데 [나도] 거기 [365병원 본원에] 가서 자고 또 이래고(이러고) 오는 거지. [그 사람이] 백마고지서 다쳐 가지고선 내가 업어다가…. 그때 앰블란스가 어딨어? 트럭에다가 막 싣는 거여. 다리 부러진 놈

1. 가족과 고향 이야기

이나 뭐나 막 싣고서 가는 거여. 난 박격포를 가지고 그 사람은 경기관총을 가지고 있었는데, 최전방에 나가서도 저 사람은 산 꼭대기에 나가 있고 난 좀 이 밑에 있고 그랬는데, 저 거기 탄약수가 업어 가지고 거까지 내려왔더라고. 내 구역까지. 그래서 내 업어다가 그냥 신작로에다, 백마고지 밑에다, 거기 차에다 실어 주고, "잘 가라 난 죽을는지 모른다" 이러고서 헤어진 거여. 그러더니 기간사병으로 남아 가지고 [내가 병원에 있는데 면회를 왔어]. 이 사람이 집에 휴가를 왔었어. 내 소식을 물으니께 [우리 집에서 내가 병원에 입원해 있다고 하더래]. 내가 이제 [우리 집에다] 삼 육군 병원에 입원했다는 편지를 했으니께…. [그래도 누가] 면회를 뭐 오지도 못해. 우리 집에서 올 사람도 없고, 오지도 못해. 그런데 이 사람이 왔더라고. 한(같은) 삼 육군 병원에 있으니까. 그 사람은 본원에 있었고, 나는 삼분동에 있는데, 누가 면회를 왔다 그러는 거야. '아, 면회 올 사람도 없는데 누가 왔나?' [하면서] 나가 보니까, 아, 이 놈 아냐, 이종수. 키가 커다랗고 그러지. 그래서 이제 거기서 내가 외출 나가면 본원에 가서 그놈 찾아보고, 거기서 같이 인제 얘기도 하고 이러다가 인제, 내가 제대하고 [그랬지]. 그 사람 여기서[9] 장가[10] 민며느리 조그만 거 얻어다 여자를 키웠는데, 거기서는[11] 부산 여자를 얻어 가지고 왔어. 그래 가지고 충주 와서, 저 대북상회라고 하다가선, 수술은 다섯 번인가 했다는데, 요전에 가보니까 죽은 지 석 달인가 됐다고 하더만. 뭐 어떻게 나랑 잘 만나 가지고 술도 먹고, 뭐 고생했던 얘기 이런 거 뭐 싹 하고 그랬는데…. [민며느리로 들어온 사람은] 갔어. 그냥 가고, 그 어머니하고 떡장수를 했는데, 시내서. 나야 파편 박혀 가지고 거기 가서 있다가 왔는데….

그럼 텔레비전은 언제 구경하셨어요?

모르지 몇 년도인지. 전화는 여기 [여주에] 와서, 여기서 제일 먼저 났지. 우체국에서 전주를 사 가지고 여기다 꽂아 가지고, 우리 전화가 [번호가] 칠십 [오]번이 있었는데, 제일 먼저 났다가, 인제 내가 또 저 뭐여, 그 세무서, 이천세무서에 저기 휴업계[12]를 냈는데, [이천세무서 담당자] 그 새끼들이 받아두지 않고서, 그냥 놔뒀다가는 내중에 그거 때문에 말썽이 돼서 압류됐잖아. 압류할 거 뭐 있어? 땅이 있나? 집하고 압류했다가 내가 또 서울 가서 집을 찾은 거지. 경매해 가지고. 그래 가지고 전화는 우리 안식구 앞으로 놔 있는데, 칠십오 번이여. 공공칠온데, 그 우체국에 아는 놈이 있어 가지고, 번호를 좋은 걸 차지해 가지고, 나 혼자만 전화 있었어. [그때는] 한동네에 하나씩밖에 전화가 없었다고. 이장네 집[하고], 개인적으로 나 혼자 하나만 놨었는데…

2. 삼팔선을 넘던 일

어르신 살아왔던 이야기 좀 자세하게 해주세요.

네 살 먹어서 엄정면으로 와 가지고 열 살 때 초등학교를 들어갔습니다. 그래 가지고, 초등핵교(초등학교) 과정을 마치고, 사범핵교(사범학교)를 가라고, 우리 형님이 일본 가서 계셨는데, 징용으로. 그랬는데 거기서 내가 어떻게든 공부를 잘허니께(잘하니까) 청주사범을 가라고, 시험공부를 하라고 자꾸 그랬는데 우리 아버지는 애 공부시키면 식구가 다 굶어 죽는다고 그래서, 한 그때 아홉 식군가 그랬어요. 그래서 거기도 못 댕기고(다니고), 졸업 맞고서는 바로, 졸업 맞기 전에 육군양성소를 시험 쳐서 [합격이] 됐어요. 부평, 거, 육군양성소, 왜정 때 거기를 봤는데 거기 합격 돼서 거기 가라고 그래는데(그러는데), 저 충주 가자면 용안저수지가 있어요. 그거 보국대가 나왔어요. 그래 우리 형님이(에게) 나왔는데 나하고 같이 가서 전부 보름씩을 허는데, 한 사람 앞에 둘이 가면 뭐 속히 끝난다고 그래서 그걸 맞추구서는(끝내고서는), 거 육군양성소 간다는, 거 신분증하고, 거 여행증명서하고 줬는데, 거 기한이 넘었더군. 사월 십일날 오라고 했는데, 사월 십일이 지났어요. 그래 가지고 가지 못해 가지고 서울 가서 고무공장에 추직(취직)한다고 갔더니, 마침 우리 집안 내에 고무공장, 대광 고무공장[13] 거기 불이 나 가지고, 거기 추직을 못하고, 어디 추직할 데가 있어야지. 그래 가지고서는 뭐 단추 만드는 공장에 들어갈라고(들어가려고) 그랬더니, 냄새도 지독하게 나고 그래서, 에이~ 우리 당숙네 집이 있었는데 [거기로 갔어요]. 당숙모 혼자 있었고, 당숙은 저기 만주로 다리 놓으러 갔었고, 저 건축을 해기(하기) 땜에. 그래서 당숙모 하고 같이 있다가, 밥은 내가 해 먹고, 당숙모가 아퍼서, 내가 해 먹구선 있다가서는, 우리 당숙모가 하는 말이 '집이(집에) 갔다가 내가 낫거든 다시 오라'고 그러드구먼요. 그래 가지고 여비도 없구 그래서 저 도살장에, 거 미쟁이(미장이) 대모도로 가서 한 사흘을 했더니 돈을 한 이십 원인가 주더구먼요. 그래 그걸 가지고 집으로 내려가라고 당숙모가 그래서, 그래 그걸 가지고 청량리역으로 나왔는데, 집으로 가면 뭐 돈도 못 벌겠고, [일자리가 없어서 일을] 핼(할) 수도 없고 그래서, 에이 놈의 것, 어디 추직이나 하자고, 그래 어느 광산에 거기 서울 광나룬가 어디 갔더니 너 같은 쪼그만 애들은 안 써 준다고 그래드구먼요. 그래서 다시 와 가지고 청량리 있는데, 어떤 사람이 거 인부 데리러, 인부 데려다 주는 사람이 있어요. 그게 인제 말하자면 왜정 때로 말하자면 그기, 갸쿠스틱이래나, 뭐 인제 인부 동원하는 사람이죠. 그 사람이 인제 나 보고 일하러 가자고 그러드구먼요. 그래 가자고 [그랬죠]. 그래 어디 갔냐문(갔냐면) 저기 답십리, 저 청량리를 갔어요. 청량리 가서, 거 가서 인제 밥을 먹는데, 거 함바라고 인제 있는데, 숙소죠. 숙소가 가마니때기로 해 이고, 이렇게 작대기로 해서 우스꽝[스럽고] 엉성하게 지어 놓은 데, 거기서 자라고 그러드구먼요. 그래 거기 들어가니깐 인부들이 있는데, 거 헌옷에서 이를 잡구 그러는데, 당최 뭐하드구먼요. 그래서 그래나마나 거기서 새우젓 국물에다 밥 한 공기씩 이렇게 주는데, 밥을 먹고 거기서 자구선 그 이튿날 일을 해러(하러) 가자구 그러는데, 어디로 가냐니께, 답십리로 간다고 그러드구먼요. 그래 인제 말하자면 그때 답십리에 집 한 채도 없었다구요. 그래 답십리 가서, 거 가서 구루마(달구지)라고 생전 구경도 못한 구루마로 인젠 이렇게 [일을] 했어요. 흙구루마, 그걸 이래 허구 뭐, 삽질도 해고 이래가지구서는 있는데, 하루에 오 원씩 받고 있는데, 밥값은 일 원

이십 전이고, 하루 일당은 오 원이고, 그래서 거기서, 아, 자꾸 있는데, 돈 받을 게 좀 있는데, 아, 이 사람들이 생전 줘야죠. 한 달이 넘었는데. 그래서 그냥 꾀병을 해다가선 병원에 간다고 돈을 달라구 허니껜 돈을 주더구먼요. 그래서 백 원인가 찾아 가지고, 또 어디를 갔나 하면 흑석동을 갔어요. 흑석동. 지금 국립묘지 너메지요(너머지요). 거기 가서 일본놈들 거, 샘 파는데 거기서 샘을 며칠 파다가 어떤 친구를 만났어요. 경상도 친구라고. 그 사람을 만나 가지고서는, 우리 이래지(이러지) 말고 돈 벌자면 만주를 가자고, 그랬다고. 그럼, 가자고 그래. 그 사람하고 둘이 만주를 출발했는데, 그때 차를 탈 수가 있어? 걸어도 가고, 차도 타고 가고, 그러다가 인제 쪼끔 창동역에서부텀 시작해서 조금씩 타고 가다가, 또 가만히 야메(부정승차)로 타고 가다가, 뭐 인제 내리고 이래서, 뭐 돈은 한앞에(각자) 이백원씩 있었는데, 뭐 음식 사먹을 게 있어야지. 뭐 그거 사 먹을 게 없더라고. 그래 가지고선, 그냥 눈에 띄는 건 북에(북어), 명태, 황태라고 그거밖에 없더구먼. 그래 그걸 둘이 열 마리 사 가지고서는 그걸 다섯 마리씩 먹으니께 아주 그 담부터 명태가 아주 먹기도 싫고, 아주 냄새도 맡기 싫더구먼. 그래 가지고 저 강원도로 가면서 차도 타다가 걸어가다 이래서, 뭐 사 먹을 게 없구 그러니께, 철둑가에서 그, 잔대가 많았다구요. 잔대.

잔대요?

잔대라고 더덕 같은 거 있잖아요. 그것만, 잔대만 캐 먹고 가는 거야. 그래 밤으로는 어디 가자면 역에 가서 대합실에서 자고, 낮엔 걸어도 가고 차도 타고 가고, 인제 가만히 차도 타고 가고 이래 가지고서는, 하여튼 잔대를 며칠을 캐 먹었어요. 그래 가지고서는 갔는데, 원산까정(까지) 갔는데, 그 사람이 열아홉 살이고, 난 이른 나이로 열여섯 살인데, 그 사람은 전쟁기피자라고선 헌병대가 데려가드구먼. 왜놈의 헌병대가 데리고 가요. 그래 한참 기다리니께, 그냥 한 댓 시간 기다리니께 나왔어요. 그래 나와 가지고서는 그 사람하고 또 가는 거죠. 그래 함흥까지 갔는데 함흥 가니께 또 그 사람이 붙들려 들어갔어요. 헌병대한테. 그래 거기서는 고만 안 나오잖아요. 함흥차사라더니 영 안 나와요. 하루 진종일 기다려도 안 나오고, 헬(할) 수 없이 내가 저 함경남도 거산이라는 데까지 들어갔어요. 차를 타고. 그래 역전에서 잘 데도 없고 그래, 역전에서 잘라고 그러니께 역부가 쫓아내더구만요. 여기선 못 잔다고. 쫓아(쫓겨) 나갔다가 또 들어오먼 와서 또 자고 이러니께, 잘라고 갔는데 어떤 커다란 처녀가 한 스물서너 살 먹었겠어. 처녀가 일을 해 봤냐느냐고 그래드구먼. 그전에 인제, 아이 참, 거기 가기 전에, 함경도 저 원산 못 미쳐 안변 가서 모두 심는데 못종 노릇을 했어요. 모를 날라 주고 그냥 그랬어요. 거기는 전부 여자가 심는데~.

아, 그 친구분하고 같이요?

그랬지요. 그래서 그 사람은 인제, 그래 가지고 돈을 또 매련해 가지구서는 저기 원산에, 아니 저기 저 어디요? 함흥까정 갔는데, 원산서부텀 이리 들어가서 나오고[14] 함흥까정 갔는데, 함흥서 그 사람이 안 나와 가지고 나 혼자 거산까정 갔더니께, 가만히 생각해 보니까 혼자 만주로 들어가서는 인제 뭐 안 되겠더구먼. 그 사람 의지로 가는 건데, 혼자 가서는 안 되겠고 그래서, 또 거기서 역전에 있다니께(있으니께), 어떤 커다란 처녀가 와서는 우리 집으로 가자고 그래드구먼요. 일 좀 하자고. 그래서 얼마씩 주냐니께 하루에 십 원씩인가 준다고 그래드구먼. 그래 그 집에 있자니께, 그 집에서 자고선 아칙(아침)에 어떤 노인네가 데릴러 왔더구먼. 그래더니 가서 밭을 매러 가자고. 그래 인제 밭이라는 건 그 전에 안 매봤는데, 논은 매고, 뭐, 밭은 그렇게 안 매 봤는데, 밭을 매자고 그러는데, 좁아서, 두 벌을 매는데, 소로 이렇게 캐(갈아) 놓고서는 그걸 매는데, 아침도 안 먹고 식전에 가더라고. 그래더니 열시가 넘었는데, 열한시쯤 가까워 오는데 그때서 밥 먹으러 가자고 그래드구먼. 그래 그 노인네 따라서 들어갔죠. 들어가니께 밥을 그냥 이만큼 (크다는 걸 강조하면서) 큰 사발에다가 그냥 우리 서울에서 먹던 밥 한 다서여섯 배는 되게 큰 뚝배기에다가 한 뚝배기 주더구먼요. 그래 암만 먹어도 그놈의 거 반, 우에, 우에 얹힌 거밖에 못 먹었다고. 그래서 그걸 먹으니께, 배가 고픈데 그걸 먹으니까 졸음이 오더구만. 졸으니께, "아이 잠세" 이러더구먼요. 그래서 거기서 배같(바깥)에서 자다가서는, 암만 있어도 안 깨워요. 그래더니 오후 한 세시가 넘어 네시 가까이 되니께 밭 매러 가자고 그래드구먼. 그래 밭 매고, 와서 이제 저녁도 그렇게 주는데, 하루 두 번밖에 안 먹더구만. 그게 낮밥이라나, 뭐라나. [웃음] 그래 가지고선 아유 그놈의 걸 먹고서 이젠 자고서 또 새벽같이 나가고, 그런 거를 되풀이를 한 나흘인가 사흘인가 했어요. 그래서 난 여기서 도저히 못하겠다고, 그래 가지고서는 가겠다고, 고향으로 가든지 가겠다고. 인제 만주로 들어갈랬는데 만주도 못 들어가고, 고향으로 가겠다고 [그랬어요]. 그래서 인제 거기서 돈을 삼십 원을 주더구만. 그래 그걸 보태고 내한테 있던 거 하구 가지고서 인제 나오는데, 거 북청이라는

데가 있고, 신북청이라는 데가 있어. 그런데 걸어서 이 사뭇 걸어서 따라 나온다는 게 아이, 북청으로 들어갔지. 신북청으로 해서 바로 나오는데, 구북청으로 그냥 들어간 거여. 그래서 도로 나와 가지고 (잔기침) 거기서 어떻게든지 차를 야메로 또 가만히 타고, 뭐 이래 가지고서는 그냥 원산까정 나왔어요. 그래 원산서 또 남쪽으로 걸어 나오는 거죠. 그래 거기서 한 이십리쯤 걸어가면 배화라는 데가 있는데, 배화까정 걸어가는데 어떤 사람이 원산으로 뭐 이삿짐을 실으러 간다나, 뭐, 해구서는 (그러면서) 달구지 가지고 그냥 온다고 그냥 오더구먼. 그랬는데 나보고 달구지 좀, 걸어갈라믄 타고 가라고 그러드구먼. 그래서 탔더니 이 사람이 이것저것 다 물어봐요. 고향이 어디며, 뭐 으떻게 되고, 으떻게 됐느냐고 다 물어보드먼. 그래 사실 이야기했더니, 아, 그럼 자네 과수원에 가서 그저 뭐 소사 비스듬(비슷하게), 그저 감시 겸 이렇게 있겠냐고 그래드구먼. 그래, 그렇게 있겠다고 [그랬어요]. 그래더니 거 안변까지 가더니 안변서 또 한 오리 이렇게 한 이키로 남짓 들어가더니, 미혼리라고 거 미혼리가 있더구먼. 거기 과수원이 있는데, 그 집이(집에) 가서 알선해 주는데, 그 집이가 저거 [일을] 허는데, 그래 거 월급을 한 달에 얼마씩 주겠냐 했더니, 백 원씩 준다고 그래드구먼. 그래 백 원이면 됐다고 멕여 주고 재워 주고, 뭐 백 원씩 받고 있기로 했는데, 그래 인제 뭐 심부름이나 댕기고, 거 뭐 과수밭이나 뭐, 말을 타구서, 말을 타라는데 뭐, 말을 탈줄 알아요. 그래 거 가르쳐주더구먼. 그래 말안장 해 가지고, 큰 호말인데 그거 가지고, 과수원이 넓다고 그래도 그렇게 없더라구요, 근데 한 바쿠(바퀴) [도는 데 한참이 걸려요]. 그런데 그 과수원이 아마 삼만 평인가 되더라구요. 삼만 평. 그 주인이 황대경이, 황대경이요.

황대경이요?

 황대경이라고. 허허~. 육십 년 전 얘긴데 [그래도 기억이 나네]. 그래 가지고선 거기서 한 달인가, 아이 한 십오 일인가, 한 이십일 있자니께 원산에다 거 폭격을 해느라고 지하에다 파묻고 바다에다 [폭격을] 허느라고, 그 뭐, 소련서 와서 때리는지, 그냥, 밤이면 꽝~ 꽝 소리가 나고 그러는데, 그냥, 밤이면 거기서 한 이킬로가 쪼금 넘는데, 방공굴(방공호)에, 밤이면 과수원에 방공굴을 파놓는데, 거기 그냥 들어가서 있다가, 새벽에 날이 새면 나오고, 이렇게 한 나흘간인가 이래고 있는데, 하루는 저녁을 먹고 그 앞엣집인가 거기 가서 멍석을 깔아 놓고 거기서 수박을 한 개 짜개서(쪼개서) 여럿이 먹고 있다니께(있으니까), 원산으로 피란 이삿짐을 실으러 갔던 사람이 그냥 이삿짐도 안 싣고, 그냥 빈 달구지 타고 오면서 노래를 해면서 이래 오더라고요. 아 그러더니 우리 있는데 와서 척 앉더니, "아이 인제 해방됐어. 천황 폐하가 눈물을 흘리면서 해방을 [선언해서], 해방이 됐다"고 [그래요]. 눈물을 흘리고 그랬다고. "아, 이 사람아, 내일 경찰서에 떼여갈라고선 그따위 소리를 해요. 무슨 놈의 해방이 돼요?" 이러니껜, "아이, 진짜라고 [그래]. 그래서 자고 일어나서 보니께 그 안변읍이 이렇게 뵈키는데(보이는데), 뭐 빤히 뵈키지. 거기 불이 나 가지고, 신사당에 불을 태워 가지고, 그냥 난리를 짓고. 아이 그런데 당최 그 집에 있을 수가 있어야지. 그래 월급을 백 원인가 받아가서는 나갔더니, 뭐 여기저기 게다(왜나막신) 신고, 총을 미고(메고) 치안대들이 뭐 생기고, 뭐 일본놈은 그냥 다 쫓겨가고 그러는데, 그걸 보니께 뭐 있을 수가 있어요? 그래 가지고서는 그 집이서 완전히 나가가서는 며칠 돌아댕기니께 뭐 할게 없더군요. 에이, 장사나 한다고. 거 그때는 기차를 공짜로 타고 댕기는데, 피란~, 저기 일본 갔던 사람이 거기 들어오고, 여기서 만주 갔던 사람이 나오고 이러는데, 지붕 꼭대기에 타고 댕기는 거야. 지붕 꼭대기에 타고다니면서, 무장사~, 원산 가서 명태 같은 거 가져다가 팔고. 저 평강진에서, 새포라는 데가 있어요 거기 가면 무가 엄청 크고 그래. 다섯 개씩 묶어 가지고 십 원씩 했는데, 원산 가면 한 개에 십 원씩 받아요. 그걸 조금씩 해서 기차 꼭대기에다 달아 가지고, 한 일 년인가 했나. 돈도 조금 생기고 그랬는데 고향생각도 나고 그래서. 내가 공부를 돈 없어서 못 했으니까 내가 돈을 번다고 그러고서는 하는데, 철원 금화여관에서 하루 잤는데, 금화여관인가, 금화여관이지.

금화여관이요?

강원도에 있는 금화, 철원 시내 금화여관이 있어요. 그 집에서 자고 댕기고 그랬는데, 어디서 소련놈들이 쌀을 한 가마에 백팔십 원씩 판다던가. 그게 시중에 나오면 오천 원씩 받을 텐데. 그래서 그걸 사러 나갔다가 그것도 못 사고 여관에 있다가, 여관에 있던 어떤 놈이 돈을 몽땅 가져가 버렸어. 그래서 금성서 소를 사 가지고, 운천까지 나오는 소장사꾼들이 있는데, 내가 소를 끌고 댕겼어요. 그때 밤낮으로 소를 끌고 나오면, '돈을 그때 얼마 주든가? 아무튼 그때 장사 밑천을 해서 그 동네서 하다가, 좀 크게 하다가, 한 이 년인가 삼 년 만에 삼팔선을 넘는데, 신고산을 다녔는데 삼팔선 장사하는 사람들이 많더라구요. 그 삼팔선 장사하는 사람들이 많아서, 그 사람들보고 내가 고향이 어딘데 꼭 삼팔선만 넘도록 해 달라고 했더니, 같이 가자고 하더라고. 연천 여관에서 한 이틀인가 먹다가 돈을 가져가면 이짝(남쪽)에 가서 못 쓴다고 해서, 한약제하고 황모를 짊어지고서 남쪽에 나와서 팔아 가지고 집에 들어가자고 그랬는데, 연천에서 하루인가 있다가 그 이튿날 밤에 삼팔선을 넘는데, 비가 부슬부슬 왔다고요. 그때가 양력으로 한 십이월달이나 됐을 거야. 음력으로 동짓달이니께. 개울을 건너는데 얼음이 안 얼고 그랬는데, 개울을 맨발로, 전부 옷도 뒤에 달아메고 막 이래서 개울을 건너는데, 나는 맨 후미에 서라고 그래드구먼. 아홉이 긴니오는데. 여자도 둘인가 있고. 그 사람들 시키는 대로 맨 후미에 섰는데, 개울을 건너서자마자 소리[를] 냅다 지르면서 공포를 막 갈기더구만. 누구냐고, 서라고. 그래서 나는 맨 뒤니까, 나는 저짝 개울을 사뭇 기다시피 해서 산으로 해서 오는데, 눈이 쪼끔 왔다고요. 맨발이지, 신은 다 없어졌지, 양말도 안 신고 맨발로 산을 이렇게 오는데, 거기가 경계선인가 본데, 불을 가지고 왔다갔다 하더구먼요. 그래 발은 시렵고 그래서 그냥 간신히 거까정 오니께, 불을 누가 이렇게 달구서는 갖다 놓구서 가는지, 그게 뵈키더구먼(보이더구만). 그래 그냥 짐만 지구서, 혼자니께, 다른 사람 다 없어지고…. 그래서 개포[15]가 있는데, 개포 밭을, 도랑이 하나 있는데, 막 도랑을 건너서니까, 건너편에 보니께, 불이 환하게 밝더라고. 그래 보니께 거기가 이남이더라고. 그래 가지고 거기 함바에, 거기 장사꾼들이 있는데, 그때 삼팔선 장사라는 게 있어요. 거기서 물건을 가지고 와서 이남 물건하고 바꿔 가고 그러는 장사인데. 거기 오니께, 저녁을 사 먹을 수가 있더라고. 그래 돈이 없으니께 쪽제비 가죽을 하나 팔아서, 거기서 인제 저녁을 사 먹고, 아침꺼정 사 먹고 그러는데, 사 먹고 났는데, 같이 오던 사람이 한 사람 있더라구요. 그 사람은 맨몸

땡이로 그냥 왔더라고. 그래 어떻게 왔냐고 허니께 그냥 보따리 집어 내던지고 도망 왔다 이거예요. 그래 그 사람만 오고 다른 사람은 다 붙들려 갔다고 그래. 그 사람 밥까정 사 먹이고, 이래구서 서울까정 왔는데, 우리 당숙네 집에 가 보니께~, 그 약재하고 쪽제비 가죽 이런 거는, 약재는 저 개성 한의원이라고 큰 상회가 있더구먼. 개성상회 거기서 팔고, 쪽제비 가죽도 팔고 이래구선, 돈만 [준비]해 가서는, 신설동에 우리 당숙네 집이 있는데, 거기 가 보니께, 저 너머로 이사갔다고 그러더구먼. 거 어디로 갔냐니께, 창신국민학교 그 앞에 가면 돌산이 있는데, 거기 기와집에 산다고 그러더구먼. 친헌 사람이. 그래 거 산 하나 넘으면 거기니께, 산 하나 넘어가니께, 거기 보니까 우리 형님이 있더라고. 당숙네 집에. 건축일을 허느라고. 목수일을 허느라고. 배워 가지고. 그래서 형님하고 붙들고 [모두] 죽었던 사람이, 동생이 살아 왔다고 붙잡고 울고 그랬는데…. 그래구선 거기서 바로 형님하고 집으로 오니께, 집이 있던 데는 이사를 해 가지고, 충주시 엄정면인가 충주시, 그 저 지금 댐 된 데여. 그리 이사해 왔더라고. 바로 지금 선창가 건너예요. 충주 저 배 타는 [곳] 건너인데. 그리 이사와서 거기서 한 일 년인가 있다가선, 뭐 또 의용군 가라고 그러더구먼. 중국놈들이 들어와 가지고. 그 의용군 가 가지고 훈련받다가 도망질해서 또 왔지. 도망질해서 이제 집에 와서 있는데, 거기 중공군이 전부 후퇴하고 인민군들하고 후퇴하고, 인제 그래서, 인천 상륙해 가지고, 남침해 가지고[16] 왔는데, 그래 가지고 집에 와서 좀 있자니께, 뭐, 여기 저기 보국대에 가서 일해라고 [하고], 저 둑 끊어진 데 가서 일해라고 하고. 인공 때지. 좀 있다 일사후퇴 때인가, 그때 충주서 걸어서, 동네 사람들을 내가 백 명을 인솔하다시피 해 가지고서는 울산까지 십팔일 동안을 걸어갔어. 하루 몇 십리 걸어가면 잘 연구허고, 잘 데가 없어서. 그래 가지고서는….

울산까지 가셨어요?

울산까지 갔어. 울산서 남면인가, 거기서 훈련 예비사단에 들어가서 훈련을 받는데 전부 뭐, 한 반은 죽은 사람도 있고, 집으로 오고, 그래 가지고 거기서 훈련을 마치고 제주도로 갔는데, 제주도로 가는데, 장승포인가 거기서 배를 타는데, 배가 고파서, 밥을 줘야지. 생전 밥을 주지도 않아요. 이틀인가 그런데. 그래 민간인 집을 다니면서 밥을 얻어 먹는 거야. 이런 허허허~. 거기서 밥을 얻어 먹구선 제주도로 가서, 그러니께 오십일년도 사월 십일에 군에 입대했지.

3. 백마고지 전투에서 당한 부상

6·25전쟁 중에 군에 입대한 구술자가 전우와 함께 찍은 사진이다. 구술자의 기억 중 가장 선명하게 남아 있는 대목이 군대 시절에 관한 것이다.

제주도에서 훈련받고 어디로 가신 건가요?

제주도에서 훈련받고 갔죠. 구(9)사단에.

구사단이 어디 있는 거죠?

구사단이 지금 어디 있는지 모르지. [그런데] 구사단이 그때 저기서 후퇴했죠. 용포리 오사단, 칠사단, 구사단이, 삼개 사단이 후퇴해서 철원까지 와서 있었어. 그래 우리가 보충을 철원으로 왔어요. 철원 그 국망봉이라고, 큰 산 있고, 그 너머로 갔다고. 그런데 훈련 마치고 고향을 지나가는데, 아휴, 이제 고향땅 한번 밟아 볼까 [해서], 조치원으로 해서 그리 가는데, 그런데 보충을 들어가는데 만 이틀을 걸렸나. 거기서 출발해 가지고. 무슨 차로 가냐면 곳간차, 짐을 싣는 차, 거기 태워 가지고 간 거여. 그런데 그때 어디까정(어디까지)…. 수원도 사람이 안 들어왔었어요. 장사꾼 죄다 하나도 없어. 떡장사도 안 들어왔고. 그런데 하여튼 거기까지 가는데 이틀을 굶기는 거여. 쌀을 기차에다 실었다는데 뭐, 밥을 해줘야지. 그 참 엉터리야. 그래 가지고는 내가 인수과에 있었어. 농구화 그걸 수원에서 떡을 바꿔 먹었다고. 아 그랬더니 인솔자가 "이놈의 새끼 때려죽인다"고 [하면서] 막 야단치고 뭐, 그래 가지고 딴 곳간차로 갔어요. 누가 누군지 잘 알아요? 뭐, 한 천 명도 넘게 가는데. 다른 차를 타고 가는데, 철원인가 동두천인가 거기를 갔는데, 벌판에다 집합을 시켜 놨는데, 하여튼 논바닥에다 집합을 시켜 놨는데, 거기서 각 사단으로 배치하는데, 그때서 주먹밥을 건빵 궤짝에다 한 천 개를 갖다 논 거야. 그래 복판에다 갖다 놓고 하나씩 노놔 주자고 그러는데, 한 이틀을 굶은 놈들이 그거 보고 다 가만히 있어요? 막 덤벼들어서 막 먹는 거예요. 뭐 암만 인솔자가 그렇게 많아요? 그런데 누가 당해요. 아휴 개판이지. 그래 가지고서는 국망봉 너머, 철원 국망봉 너머, 그게 칠팔백 고지 돼요. 거기 보충을 들어가는데, 소나기 들어오는데, 뭐 우비가 있나, 뭐가 있나. 그래 낭구가지(나뭇가지) 꺾어 가지고, 이렇게 비마개를 덮어 가지고 이러고서 있는데, 그때가 유월달이요. 양력으로 유월달인데. 그래서 인제 각 사단으로 배치된 거죠. 난 구사단으로 배치돼 가지고~. 그런데 우리 중대가 그때 한 백 명이 넘었다는데, 그런데 후퇴하는 바람에 사람이 거기서 집결한 게 한 오십이 명인가밖에 없더라고. 그래 오십이 명이 일개 중대고, 그때 거기 있는데도 포로로 잡혀 갔다가 도망해 온 사람도 있더라고. 머리 빡빡 깎아 가지고. 그래 가지고 금화로 다 우리가 배치 됐는데, 거기 있다가, 금화 저 미군 이십사 사단하고, 그 사람들하고 교대해 가지고 거기서 이틀인가 방어하다가, 육공삼 고지라고 금화 뒷산 거기서 전투를 했다고. 낮으로는 올라가고 밤으로는 쫓겨 내려오고. 아이고, 근데 보충을 받아 가지고 백이 명인가 백오 명인가 됐는데 며칠을 그 야단을 치니까 사람이 한 반도 안 되더라고. 반도 안 되는데, 그때 나 처음, 총살시키는 거 처음 봤네. 사람이 모자라니가 취사반까지 전부 다 공격을 해서 올라가는데, 공격을 하러 올라가다가 죽겠으니까, 화이바도 없고 철모를 썼어. 그 안에다 쑥대를 이렇게 말아서 넣고는, '돌격 앞으로' 하고 공격을 하는데, 나이가 서른 몇 살인가 먹은 사람이 취사반에 있다가 대대 정보관한테 들켜 가지고서는 내중에 전투가 끝난 다음에 뽕나무밭에 집결시켜 놓고서, 대대 요원 모두 집결해 놓고 총살을 시키더라고.

뭘 잘못해서요?

공격 안 하고, 말하자면 싸움을 안 했다고. 아이고, 실탄이 꽉꽉 날아오는데, 아이고, 그래도 나도 살 때가 돼서 그랬는지 돌멩이가 한 삼십 센치 정도 비스듬하게 누운 게 있더라고. 돌격 앞으로 하는데 실탄이 날아오는데 거기 엎드려서 살았어요. 내중에 셋이 있었는데, [부대에서] 하얀 모포를 줬다고. 그런데 우린 그걸 내버렸는데, 그 경상도 애가 하얀 모포를 감은 채로 엎드렸다고. 그래, 가서 나는 낙오되면 완전히 총살감이여. 그러는데 애가 데굴데굴 굴러가더라고. 그 애가 모포를 감은 채로 정통으로 맞았어. 그래 총을 회수해 가지고 가니까, 너 어디 있다가 이제 오냐고 [그러더라고]. 전사자가 생겨서 총 좀 가져오느라고 이제 왔다고. 아 그래 그럼 방어하라고 그러더라고. 전투라는 건 그러다가 한국군 무기가 조금 나아졌지. 삐아루밖에 없었어. 경기관총도 없고. 삐아루라고 자동으로 나가는 거 있어. 삐아루 소총밖에 없었다고, 그러다가 인제 유탄발사긴가 그거 있었어, 그러다가 이제 거기 낙타고지, 조경능선, 뭐 보성산 앞에 있었어. 그때 나는 박격포 사수로 있었는데, 산이 동그라면 거기다가 포를 한 대 박아놓고선, 그러는 데가 있어. 일 개 사단에서 한 달간씩 그걸, 그 고지를 맡던가? 그게 낙타고지 조경능선 뭐…. 아주 그 험한 전투는 다 했지. 나는 박격포 가지고 있어서, 후방에 떨어져 있어서 좀 괜찮아졌지. 철원 와서 있는데, 지피를 왔어. 일 년간 전투 한 번 안 하고 백마고지 그 벌판에 있는데, 만날 나물이나 뜯어 먹고 [그랬지]. 그래서 첫 번에 금화로 들어가니까, 떡시루 이런 게 곰팡이가 허옇게 슬은 게 있더구만. 쌀은 하나도 없고 벼만 있더만. 그래 벼를 맷돌에다 갈아서 먹고 그랬다고. 전부 피란들 가고. 첫 번에 금화 가서는 소가 이리 뛰고 저리 뛰고 해서 총으로 쏴 가지고 그때 소고기 막 잡아먹었어. 소고기 실컷 먹었다고. 거기서 전투 끝나고 철원으로 왔어. 백마고지.

전쟁 중에 일이 많으셨나 봐요?

아침밥을 먹으면 저녁밥을 먹을까 이런 생각만 든다고. 하루 우리 중대가 백오십삼 명인가 됐는데 보충병을 한 달에 백오십사 명 받았어. 한 달에. 그래 얼마나 죽었겠어? 내가 철원에 가서 있다가 휴가를 나왔는데 시골에는 보리죽도 잘 못 쒀먹고 죽도 잘 못 쒀 먹고 그런 판이야. 아휴, 휴가 왔는데 비가 왔는데 군청 직원들이 솔나무가지 따다가 누에를 올린다고 [해 놨는데, 그 솔가지를 가지고] 개를 잡아 처먹을라고(처먹으려고) 강가에 모인 거야. 내가 임상사하고 같이 휴가를 오게 됐는데, 글쎄 눈에 불이 나더라고. 패 죽인다고 갔더니 누가 고지해서 다 갔더라고. 그래 광산차가 있어서 그걸 타고서는 충주 시청에 간 거야. 그때는 군청 읍사무소지. 이렇게 불 댕긴 놈들 누군가 하면서 철모를 벗어 가지고 던졌어. 내가 오늘 만약에 총을 가져 왔으면 당신들 모두 쐈다고. 내가 총을 안 가져왔으니까 그렇지, 다음부터는 그런 일이 있으면 다 쏴 죽인다고. 소나무가지 따 가지고 누에를 놔 올리는데, 그걸 꺾어 가지고 말이야 그런 짓을 하냐고. 우리는 오늘 죽을지 내일 죽을지 모르지만. 아침밥을 싸 가지고 댕기는데 후방에서는 죽도 못 쒀 먹는 사람들이 많은데 그따위 짓을 다 한다고 말이야. 내가 다음에 살지는 모르지만 다음 휴가 나올 때는 총을 가지고 올 거라고. 그래서 그따위 짓 하는 놈을 다 쏴서 죽일 거라고. 총을 가져온다고. 내가 그런 얘기를 하고 갔다고. 그 뒤로는 한 번도 안 나왔대. 얼씬 거리지도 못했대. 내가 오십삼년도 칠월 이십일날 부상당했어. 수도사단이 후퇴했다고. 거기 우리가 방화 구축하러 갔다가, 지원 나갔다가, 내가 그때 무반동총 반장이었다고. 분대장들을 배치해 놓고서는 [있었어]. 적포가 저만치 떨어졌어. 몸뚱이가 공중에 떴다가 떨어졌어. 십 메다(미터)는 안 되지. 분대장하고 둘이 있었는데, 그 사람은 내빼고 나 혼자 보니까 흙먼지가 가득했는데 나가려고 보니께 피가 (전신을 가리키며) 여기서부터 여기까지 나더라고. 수술하다가 이 새끼들이 군의관이 모자라서 의관(위생병)이 하다가 파편을 못 찾아서, "아휴 그냥 놔둬라. 집에 가서 해야겠다" 해서 오늘날까지 빼질 못했다고. 부산 가서 병원까지 가는데, 부상을 당해서. [무반동 총이] 한국군에 최고 먼저 나올 때 제일 먼저 훈련을 받아서 조교도 했는데. 나랑 근무한 사람이 후방에서 왔는데, 그 사람이 반장 노릇을 하는데. 그 사람이 뭘 알아야 하지. 내가 부상당해서 병원에를 왔는데, 이동병원이라고 금화 거기에 있었다고. 사단을 거쳐서 거기를 오는데, 내가 부상을 당해서 후송을 해야 하니까 부단장이 여기 파편 있는지 찾아보라고 하더라고. 그래서 위생병들이 찾으니까 중대장이 그냥 대대 보고도 하지 말고 그냥 놔두라는 거야. 위생병 한 사람이랑 그냥 있으라는 거야. 우리 중대는 저 전방에 들어가는데 나는 취사반에 위생병 하나 하고 있는데 자고 일어나니까 욱신욱신하고, (허벅지를 가리키며) 여기를 뜯어 봤더니 고름이 쭉 나와. 그래서 안 되겠어. 지프차가 하나 오더라고. 그래서 이게 기회다 싶어서, 그래서 이렇게 보니까 포대 후송차가 하나 와서 손을 들어서 여기 부상당했는데 같이 가자고 하니까 차를 타고 가니까 중대장이 못 가게 했는데 못 가게 하면 어떻게

3. 백마고지 전투에서 당한 부상

하냐고. 나는 부상당했는데 중대장은 중대장이지, 내가 왜 부상당했는데 못 가냐고 [따졌지]. 사단에 치료하러 왔는데, 사단을 지키는 연대 전방 보고소를 거쳐서 와야 하는데 거기를 안 들르고 왔다고 다시 갔다 오라는 거야. 그래서 위생병이랑 같이 거기를 거치러 가는데, 짚차 운전자가 점심을 안 먹었는데 점심 먹고 가자고 하니까. 그러라고 해서 먹으러 들어갔는데 전화가 왔다고 받아 보니까 중대장이야. 그래 어떻게 내 말도 없이 후송했냐고. 서울이라도 가서 삼육군 부대에 갔다가 와서 다시 와서 근무하겠다고 하니까, 다시 오라고 할 수도 없고 갔다 오라고 하더라고. 치료과 병원까지 가서 거기서 자는데, 밤새도록 악몽인 거여. 밤새도록 소리에, 절단 환자에 어떤 놈은 발 하나 끊어진 놈에 별 환자가 다 있는 거여. 우리는 여기서 환자도 아니여. 그 이튿날 자고서는 동두천인가 거기로 나가서 후송한다고 미군 열차를 대 놨는데, 침대가 삼층으로 있는데 담요가 이렇게 깔렸어. 거기서 양식도 주고. 내과 환자들은 못 나오게 하고, 얼음물도 주고, 약식도 먹고. [그런데] 이 차가 안 가는 거여. 환자가 들어오면 간다고. 거기서 기다리고 있으니까 초저녁인데 환자가 들어왔다고 출발한다고, 출발해서 대전 와서 내려놓고, 대구 가서 내려놓고, 부산까지 갔다고. 그런데 거기서 내리니까 [같이 근무하던 놈이] "내가 신기식이요" 하면서 거기서 그놈이 내린단 말이지. 그런데 그놈이 막 나를 잡고 울어. 왜 우냐고 했더니 얘기 말으라고. 다 없어졌다고. 중대장 있는 곳까지 포탄이 날아왔대. 엄청 나게 죽었다고. 나랑 교대한 사람은 손 하나하고 발 하나가 끊어졌대. 원래는 내가 끊어지는 건데, 부상당하는 바람에. "너는 어떻게 됐냐"고 하니까 수류탄 파편에 여기 맞고, 괜찮다고. 그래서 삼육군 병원에 있다가 거기서 이놈들이, 우리는 삼분동에 있었는데, 심사분류과에 있는 놈들이 [장난을 쳤다고].

어떻게 하면은 돈이 나오나요?

심사를 하면은 돈이 나온다고. 병원에 온 다음에, 병원에 이십사일날 왔는데, 이십칠일날 휴전이 됐어. 병원 안에 삐라가 막 날아 들어왔어. 휴전이 됐다고. 그래서 그 사람 신기식이하고 한 날 제대했지. 부천 사람인데 나하고 같이…. 그래 가지고 오늘날까지 사는 거지. 제대해 가지고 아이고~.

4. 전쟁에 대한 또 다른 기억

전쟁 이야기 더 해주실래요.

이름은 모르지만 경상도 사람인데. 우리 같이 다 신병인데 우리는 모포[17] 둘을 모두 버렸는데, 이 사람은 모포를 이렇게 목에 걸고 있었다구. 근데 난 살 때가 되어서 그런 건지, 그 앞에 돌멩이가 그냥 이렇게 한발 안 되는 게, 그냥 요렇게 옆으로 자빠져서 거기다 그냥, 실탄이 날아오니깐 거기다 배를 문대 가지고 그냥 엎드려 있었구, 그 사람은 어뜨케(어떻게) 됐는지 [총에 맞아 죽은 거야]. 이제 우리 중대가 제 돌격 앞으로 해서 수류탄을 거기다 던졌어. 그럼 전투가 끝날 거 아녀. 그래서 요리 가서 쏘고, 저리 가서 쏘고 [하다가] 까딱하면 이짝에 아군에게 맞아죽는 거여. 그런데 일어나서 인제 가자고, 돌격 앞으로 했으니깐 이제 간다고, 가자고 쫓아 나오는데, 인제 이놈이 그냥 엎드려 있어. 이렇게 적 방향으로 안 있고, 요 뒤로 이러고 엎드려 있다고. 야, 이 자식아. 낙오되면 총살이래야. 전투시에 낙오되면 총살이래야. 이래 가지구 냅다 건드리니께 땍때구르르 굴러 내려가. 보니까 여기가 왜 이러냐니까, 마빡(머리)을 정통 맞았어. 그래서 모포 이왕 있으니까, 하얗게 있으니께, 그래 총을 가지구선, 이제 총은 회수해 가지고 가야 돼. 총을 회수해서 둘이 올라가니께 대대 정보관이 이누무새끼들 어디 갔다 인제 오냐구 권총으로 쏘려고 해. 그래, 아 여기 전사자가 하나 생겨서 총 가져오느라고 늦었다고 그래니깐, 그러냐고, 어여 엎드려 방어하라고 [그러더라고]. 그래 가지고는 우리가 모면했지. 근데 그 하이, 그건 바보지. 하얀 모포를 준 걸 그냥 가지고 댕기니. 아이, 화이바도(는) 없고, 철모만 쓰고 갔었다고. 쑥대를 말아 꽂고. 그래 그 사람은 거 뭐 우리하고 같이 신병 들어간 놈인데, 그냥 전투해 보지도 못허구 죽었어. 에휴. 낮으로는 [우리가] 뺏고, 저녁으론 저애들한테 [쫓겨] 내려오는 거여. 그러면 그 동네 금화 뒷산에 구릉 있다고. 그래서 그냥 막 내려온다고. 그래 가지고 다리 건네와야(건너와야) 계곡 쪽에 엎드려서 방어하는데, 다리가 있구, 인제 큰 개울이 있는데, 건빵 궤짝이 막 산에서 막 굴러 내려오고, 총을 막 내떤지고(내던지고) 오는 놈이 천지여. 그래 새벽같이 공격을 해러(하러) 가요. 얼굴 새카만 놈들이 세수도 못하고 걍 주먹밥 한 개씩 먹고선 또 공격을 해러 올라가면 물은 반드시 또 떠가야 돼. 물 먹고 싶으면 아주 말을 못한다구. 가면 총 거 있던 게 그냥 있어. 내버리고 온 데 가면 그냥 있어. 그거 또 주워 가지고 갖고 온 거지. 아이구 참.

전쟁할 때 기억이 가장 많이 나시나 봐요.

그래서 거기서 [아군 몇 명이] 포로로 잽혀갔어. 우리 저기 후방에서 그 사람 후방 근무하던 사람인데. 그래도 그때 내가 살 때가 됐던가봐. (지도 그리는 시늉을 하며) 이렇게 능선에 이렇게 여기가 삼 고지구, 여기가 능선이구 이것도 능선이구 있는데, 우리가 여기 있었단 말야. 요기를 근무해게(근무하게) 생겼는데, 여기 누가 하나 부상을 당했어. 그래가지구 나는 분대장하고 있게 됐어. 그 사람은 부분대장하고 있게 됐어. 그 저기 포로 잽혀간 사람은 부분대장하고 그 경상도 사람인가 어디 사람인지 그 후방근무 해다가(하다가) 지금 왔는데. 그래 난 여기 분대장하고 있는데 그냥 총을 쏘는 거여. 잠이 올까 봐. 한참 쏘면 그냥 따까리(총구)에서 막 연기가 풀풀풀 올라와. 이만큼 따까리에서. 그래서 또 이렇게 있으면 꼬박꼬박 졸리고 [그래]. 밤에 막 후덥게 내려오고 여관에서 새벽같이 오니께. 하이~ 이 이빨로다가 이거이 손 여기를 막 물어뜯는 거여. 잠 안 올라고. 그래가서는 있는데, 아군이 그 능선으루 한 여남은 명인가 뭐 이렇게 가더라구. 그래 암호를 대래니까 암호를 대는데, 어디 가느냐니께. 아, 우리 저 이 좀 급한 일 있어서 집결해라 그래서 그리 간다구 이래더라구. 벌써 그땐 또 [고지가] 빈 거여. 근데 여기 있던 부분대장하구, 그건 지금 말하자면 하사야. 여기 하사하고 그 사람하고 있었는데 [그 사람은] 일등병이구, 나는 분대장하고 [같이] 있구 그러는데, 한참 있더니, 거 고병이, 왜 신병하고는 천지 차이여. 고병 하나하고 신병 여럿하고는 안 바꾼다 이거여. [그런데 그 고병이] 앗! 이래는 거여. 이 사람이 앗, 이래더니 총을 이래 줍더니 홀연 푹 뛰어서 넘더니 도망질을 치는 거여. 이제 난 뭐 혼자 거기서 이제 총을 집어 가지고 그냥 그 고지 많은 데를 내려오는데 막 꽹장해. 아우성이고. 근데 갔는데, 거 금화 그 다리 건네가서 뚝방에서 인제 방어를 하는데, 부분대장이 안 왔다고 그랜단(그런단) 말야. 그 사람하고 둘이 안 왔다구. 아 그런데 밤중이 지내서 새벽녘이 되니께, 얼굴이 이런 데 막 피투성이가 돼 갖구 부분대장이 왔더라구. 부분대장이 왔어. 아 그런데 많이 뭐이(뭐가) 막 뜯기구 뭐뭐, 그래여. 근데 이 사람은 안 왔다구. 그래 어떻게 돼서 오셨냐고 하니께, "얘기 말게. 나도 잽혀 가다 온 거여" 이래더라구. 어떻게 해서 왔냐니께, 이렇게 참나무가 가득 우거졌어. 이렇게 우거졌는데, 이렇게 달밤인데 달이 그땐 떴대여. 우린 그냥 껌껌한데. 근데 잽혀서 이렇게 가다 보니께 저놈들이 이제 앞에 하나 서고 뒤에 하나 가구, 둘을 복판에 놓고 데려가는 거여. 데리고 가는데 가만 보니께 가면 죽겠고, 그래 이제 '여기서 내빼자.' [그렇게 마음먹고] 그 층벽 위를 이렇게 지내가는데, 밑에 보니깐 다래덤불이 그냥 아주 엉켰더래. 그래서 여기서 냅다 뛰었대여. 길이가 미터로 십 미터는 넘게 되는 데를. 그러니깐 다래덤불에 걸키더래(걸리더래). 걸켜서 그냥 앞으로 벽쪽으로 이렇게 몸을 내밀었대여. 내미니깐 그 밑에서 총질해느라고 이 새끼가 막 총을 갈기는데, 지가 이렇게 쏴도 맞어? 거기가. 총은 이렇게 [곡선으로] 거 나가게 되고, 거 이렇게 이 옆 바우(바위) 모서리 굴 안으로 들어왔으니 그래 [맞을 리가 없지]. 그래 가지고 도망질을 해서 왔더라구. 그래 그 사람은 어떻게 됐냐니까 모른다구 그래. 그래서 그 사람은 죽였거나 이제 끌고 간 거지. 그래 가지구 왔는데 얼굴이 막 찌그러지고 찢기고 그랬어. 그래 내가 거기서만 있었으면 죽은 거여. 그 사람하고 근무했으면. 누가 하나 부상당해서 갔기 땜에 분대장하고 내가 섰기 땜에 살아왔지. 아이고 근데 거 호리호리한 분대장인데, '앗' 해더니 그냥 총을 들구선 내뛰는데, 거서 그때 이미 그 새끼들 우리 아군 갈 때 뚤핀(뚫린) 거여. 벌써 포위망[이 쳐져서] 이제 포위하는 건데, 그걸 모르고서 [우리는 그대로 있었는데] 그 새끼들이 얘기를 안 해주고 그냥 가버린 거야. 거 여기 오래 있는 놈이 벌써 오기 전에 갔던 거야. 우리 중대도 아니여. 딴 중대여. 그 안에서 능선이 이렇게 있으면 우린 이쪽에 있었고, 얘넨 요쯤에 있었고, 남들은 그 야래 있었는데. 아유, 그거 애찔해더라고(아찔하더라고). 아칙(아침)에 올라가면 그땐 아군에 뻬아루 총밖에 없었어. 박격포[는] 없고 뻬아루만 있었구. 소대 명칭이 화기 소대지 [화기가] 없었어. 그래 그 사람 죽었든지 포로로 잡혀갔든지 그랬겠지. 잠이 그렇게 와서 물어뜯고 말야. 총 쏘고. 총을 (하늘을 가리키며) 이렇게 대고 쏘는데, 근데 총탄이 이렇게 오는데 이 안으로, 이 밑으로, 총탄 날아가는 밑으로. 사카가 이렇게 졌으니께 여기서 이렇게 대고 쏘아야 되는데 (하늘을 가리키며) 이렇게만 대고 쏘니까 [안 되지]. 밥이 있어도 입이 타면 밥을 못 먹어. 절대 못 먹어. 오줌[을 먹을래도] 뭐, 오줌이 나오면(나와야) 먹지. 밥을 못 먹겠더라구. 밥을 한 덩어리 받았는데도 이걸 못 먹고 그 안에 물이 있는 데 와서 우덜(우리들) 아마 반합 하나는 먹었을 거여. 그 물을 먹구서 그 밥을 먹었다구. 여름에, 유월달에 아유, 거기서 그랬어. 밥을 못 먹어. 하튼(하여튼) [물] 한 수통 떠 가면, 그거 몇 번 먹으면 다 먹고. 먼지가 뽀얗게 나는 데서 만날 총탄이 날아오는 데서 [먹은 거야]. 거기서 아군 총살을 시키던데, 뭘. 취사반에 든 서른 몇 살 되는 병산데, 가서 정보관한테 공격을 해고(하고) 온다고 하는데, 나무 밑에 풀섶에 숨어 있었다구. 그래 정보관한테 [들켜서 총살을 당했다고].

총살을 시켜버린 거예요?

손 소령이라고 있어, 총살을 [시켰다고] 여러 사람 보는데 선임하사들이 전부 나와 가지고, 이병 상병 보는데, 뽕나무밭에서, 전쟁 끝나구서는 다른 데로 이동할 때 [총살을 시켰다고]. 우리 거기 같이 백오 명이 갔는데, 올 때 오십 몇 명밖에 못 왔어. 부상당하고 죽고 이래 가지고. 며칠 동안에. 거기 백오 명인가 들어갔어. 거기 근데 오십 명인가만 돌아왔어. 금화 육공삼 고지에서. 오성산 있는 데 금화 거기 가서 삼도한 이 년 간을 캐먹었지. 인삼 몇 천 평, 몇 만 평 있어. 거기 가서 우리가 다 캐먹고. 아, 그 사람들이 다 도망가 버렸으니까. 소가 이러 뛰고 저리 뛰고 그랬지. 총으로 소를 쏴서 잡아먹고, 삼밭에 가면 삼이 이렇게 있어서 그냥 캐서 먹고. 어떤 집에 들어가서 보면 멍석으로 덮어 놨어. 이

4. 전쟁에 대한 또 다른 기억 69

게 뭐야? 들춰 보면 사람 죽은 거여. 헌데 남자 죽은 거는 좀 덜한데, 여자 죽은 건 이 머리하고 보면 아주 뵈기 싫었어. 이런 빈 집에 슬슬 낮에는 수색해러 간다 말이여. 뭐, 있나 [하고] 가보면 멍석대기로 덮어 놓고 도망간 거여. 근데 저 뭐여. 저 소가 이리 뛰고 저리 뛰고 그랬어. 그래 소를 잡아먹고. 한 번은 소가 지뢰밭 속에 있어. 근데 이거를 우리가 총으로 쏴서 잡았어. 잡았더니 지뢰 때문에 가져나올 수가 있어야지. 근데 그때 공병대 애들이 있었다고. 너희들, 우리가 소 잡아 놨으니께 니가(네가) 끄내(꺼내) 나오믄(나오면) 우리하고 반 노너 줄(나눠 줄) 테니께, 끄내(꺼내) 내오라 그랬더니, 그놈들이 지뢰 매설해 놨으니까, 다 철거하고, 거기 가서 그걸 갖다 끌어왔어. 그래 가지고 우리하고 반씩 노났지. 아이 명태같이 마른 놈이 그 소고기 그렇게 먹고, 삼 캐먹고 그래니께, 살이 쪄 갖고 부옇게 있는데, 동네 애들도 보면 몰러 보겠더라고. 국군묘지를 한 번 가봐야 되는데, 거 사단별로 되어 있다는데, 아는 놈들도 있나 하고. 이상갑이라고 그건 내 동료고, 우리 박격포반에선 [죽은 사람을] 처음 본 거여. 포반에서 부상당한 사람도 없었는데, 그 사람 처음 죽은 거야. 분대장이 약해서 죽은 거야. [그 분대장은] 일분대장인데 '쏘러 나가자'[는 명령이 떨어졌는데], 임마 죽을 염려 있으니까, 나가지 마. 그래 가지고 박격포, 큰 야포가 날아오는데, 임마 박격포 그까짓 건 아무것도 아니라고. [그랬다고]. 그런데 이분대장은 명령이 그렇다면 내보냈다고. [그런데 이 친구는] 총도 못 쏘고 포탄에 그냥 파편을 맞아 가지고 죽었다고. 부상당하고 육군본부 조회했더니, 글쎄 스무하루 만엔가 왔는데, 병상일지가 없어졌대. 답변이 왔는데. 그러구선 계급 이 따위만 써 놓고. (육군 기록정보관리단에서 보내온 서류를 찾더니) 이게 거기서 온 거지? 아니 그 새끼들이 이제 저 못 찾았데요. 대번 첫머리에서 그걸 못 찾았다고. 연대만 이십 연대라 그랬지. 이건 내 여기 노란 표시 해 놓은 거는 내 저거 등급표고. 이놈의 새끼들. 그건 못 알아봐, 당췌. 뭐, 나만 고거 노란 걸로 [표시]해 놨어. 계급하고 뭐~ 이거를 내가 전화번호가 있어 가지고 이걸 했더니, 아이 이놈들이 쪼꼬만 아이가 빨리빨리 지껄여. 아이 이 사람아, 지금 팔십이 거진 된 노인넨데, 거 빨리 지껄여 가지고 알아 듣냐. 천천히 말해내라고 그랬더니, 아 그러시냐고, 이러더니, 내가 제대한 지가 오십육 년쨴가 오십오 년쨴가 됐어. 이 사람아. 그랬더니 "이거 분류하는 데 한 달이 걸려요." 그러더구먼. 빨리 해 보라고 [그랬더니] 스무하루 만엔가 왔어. 군번하고 다 못 찾는다고 [그래].

이게 얼마 전에 온 건가요?

한 달 전엔가, 한 보름 전에 왔어. 이거 스무하루 만에 왔어. 우편 보낸 게. [내가 보낸 걸] 받아봤다고 전화 왔더라고. 병상일지가 있으면 확실히 '귀' 같은 건 이게 아는데, 근데 이거 병상일지에 있는 건 뚜렷이 나타나지만, 귀 같은 건 한 짝 귀만 이제 안 들기구, 한 짝 귀는 뭐 하니께 증명서류가 돼야지. 병상일지에는 귀도 그려 가지고 전부 해 놓은 게 있다고. 귀도 그려 놓고, 이후과 과장, 병원에 이후과 과장 도장을 다 찍어서 이렇게 해 놨는데, 그게 없어졌으니 뭐 증거가 있어야지. 내가 삼육군 병원에 제대 날짜하고 군번하고 이때 어디 소속 다 써서 보냈는데, 그 지랄들이여. 뭐 참전용사들, 유공자로다가 뭐 해준다고 법사위에서 통과되고, 뭐 유월달에 유공자로 임관한다고 그러더니, 개코나, 국회에서 그거 하나? 국가유공자라고 우리 묘지는 지금 맹글고(만들고) 있어.

어디에다가요?

이천에다 맨근다는데, 이천~ 서이천이래나~ 뭐, 어따 맨근다고 하더라고. 이제 거진 다 맹글었을 거야. 죽으면 거기다 갖다, 이제 자기 땅도 없고 이런 사람들 거기 갖다 쓰라고, 돈 십만원 하고 뭐 태극기하고 이래해서 묻어 준다고. 근데 말뿐이야. 모두. 이건[18] 되겠지. 손자들꺼정(손자들까지) 대학교 등록금 할인해 준다 그랬단 말이야. 그런데 [손자들이 하려긔 해니까 안 해준다는데, 뭘. 등록금 [할인]하라고 몇 번 그랬었다고. 그런데 안 해 준대. 손자들꺼정. 아이 근데 안 돼. 여주에도 작년까지 구백 몇 명이 있었다고.

아, 참전용사들이요?

어. 근데 이제 작년에 죽은 사람이 백 명 이상 죽었어. 그럼 이제 팔백 명이래. 구백 몇 명인데 팔백 몇 명이니까 백 명이 죽은 거여. 아, 지금 나이가 팔십이 다 넘은 사람이 많을 텐데. 다 죽은 거지, 뭐. 그거밖에 안 될 텐데. 내년에 가면 한 이백 명 죽었을 거고. 다 없어진 담에(다음에) 이거 뭐, 유공자 해주던지 지랄해면 [뭐 해]. 아유, 정부에서 하는 거 보면…. 그 전에 저저~ 누구여? 김두한이[처럼] 똥물

구술자가 받은 참전용사증이다. 그는 참전용사들에 대해 정부의 배려가 부족하다고 지적했다.

갖다 퍼 붓던지 해야지. 아유, 드러운(더러운) 새끼들. 저 새낀 또 [한나라당에서] 나왔대. 경기지사 하던 놈. 손학규 탈당했대. 김두한이처럼 똥물을 끼얹어야 하는데. 아유, 그런 사람이 지금도 있어야 되는데, 지금은 없어. 요샌 전부 기회만 노려서 남을 헤쳐 먹을 생각이나 하고….

5. 뗏목장사

군대 제대하고 집에 돌아와서 하신 일은?

집이서(집에서) 일해 가면서 큰 산 있는데 거서 낭구(나무)를 비다가(베어다가) 광산에 납품을 했다고. 그러고 장작도 해서 팔아 먹고. 뭐 일이라는 건 뭐 열심히 그냥 한 거야. 해 가지고 돈을 조금 벌었지. 벌어 가서는 그 이듬해부터는 뭘 했냐면은 뗏목장사, 거 뗏목장사, 그거를 동네 사람도 하고. 그거이 내가 경험을 배웠다고. 낭구 재는 거. 사이[19]…. 수학 공부를 잘해 가지고 그거를 배워 가지고 한 거지. 영월이나 단양이나 충주서 뗏목을 매 가지고. 그거이 떼 한 바닥이면 트럭으로 열 트럭이야. 열 트럭. 우리는 주로 충주서 많이 하고. 떼를, 낭구를 사 가지고, 거기서 나무를 사든지 자기가 벌초를 해 가지고 낭구 묶어 가지고 서울로 오는 거지. 남한강으로 오는 거지.

보통 얼마나 걸리죠?

그건 대중없는 거야. 그건 내가 사공을 얻어야 되는 거야. 떼 타는 사람이 있다고. 한번은 운반하는데 그때 돈으로, 자유당 말기지, 말긴데, 충주에서 육만 원씩 받고 영월에서 팔만 원 받았나. 팔만 원쯤 받았지. 노동자 중에서 그 사람들이 아주 최고 고급 단가야. 그 사람들이 낭구를 갖다 대 주면 물에다 띄워 가지고 엮는 거여. 근게(그러니까) 둘이서, [아니], 서이(셋이). 서이면 하루 다 엮어. 어떤 땐 이틀도 엮고, 하루도 다 어떤 사람은 엮고. 그래 가지고 그네로 노를 맹글어 가지고, 광나루까지 가는데 광나루 이상은 안 가요. 안 가는 원인이 떼가 그 아래 뚝섬이나 노량진이나 마포나 여그까지 가면 도로 빠꾸해(돌려) 가지고 올 수가 없단 말이야. 그러니께 거기서 매매해 가지고 그 사람들이 매매해 가지고 끌고 내려가는 거여. 다시 떼는 역순을 헐 수가 없으니께 광나루서 전부 있다가 매매하는 거여. 아 거 뚝섬 가서 안 팔리면 어떻게 끌고 오나, 그래. 그러니께 노량진 대개 많이 가고 마포도 가고. 뚝섬도 가고 이래는데, [대개는] 광나루서 전부 매매를 허지.

떼 한 바닥이면 얼마 정도나 하나요?
아이, 거 얼만지 모르겄네.

뗏목 끌고 간 사람이 나무를 파나요?
아니, 아니, 그 사람들이 거그(거기) 거 목적지까지만 도착시켜 주고 그냥 오는 거여. 그래 여그서 선금을 이만 원을 줘요. 그건 자유당 말기 말이여. 이만 원을 주면 나머지 사만 원은 어디서 받냐면, 거그 도착하면 거기 객주가 있어. 말하자믄 그게 인제 복덕방이나 마찬가진데, 객주라고 있어. 객주가 이 사람하구 나무 수를 인수인계해요. 만약에 여그서 내가 송장을 써 줄 때 백 토막을 보냈는데 거그서 인수헐 때 아흔 일곱 토막 인수했단 말이여. 그럼 세 토막은 없어진 거 아녀. 중간에서 팔아 먹었던가 물에 떠내려 보냈던가. 이거는 굵은 낭구값으로다가 최고 굵은 낭구토막 값으로다가 세 토막 값을 공제해요. 여 사공들한테. 그래 가지고 잔금만 주는 거여. 잔금만 주지, 안 줘. 그래구 약주 술 한 되 하구 아침 저녁 메겨(먹여) 가지고 보내는 거여. 그것두 내중에 목상이 부담하는 거지.

그러면 이익이 좀 많이 남나요?
이익이 거 잘 가면 많이 남고, 어쨌든 밑질 수는 없으니께. 근데 그 사람들은 일단 열흘을 가나 이틀을 가나 육만 원이여. 그래 그 사람들은 단가가 충주선 여그 뭐 이틀 해도, 물이 많으면 한 이틀해면 충분히 와. 어떤 땐 가물면 열흘도 가도 못 와.

그때 부리던 사공 중에 기억에 남는 분은 있나요?

뭐 기억이야 있는데, 인젠 뭐 다들 죽었지 뭐. 아이 뭐 내가 하여튼 뗏목장사 중엔 제일 연소자여. 대한민국에선 아주 최고 연소자여.

뗏목장사는 얼마쯤이나 하셨어요?

[오십사년인가, 오십오년인가 시작해서] 이거이 혁명 날 때까정 했지. 군사혁명 날때까정 했지. 그러고 [그때] 돈 많이 만졌지.

그때 돈을 벌면 놀기도 하고 그러셨나요.

뭐 놀기는, 만날 술 먹고 그런 거지. [노름 같은 건] 안 했어. 그 전에 한 번 했다가 아주 혼나서 안 했어. 그래 술은 많이 먹었지. 술집이 댕기든서 색시집이 댕기든서 주로 인제 많이 먹고. 돈이 그땐 저거 뭐야? 저 잔전이야. 그래 가지고 떼 몇 바닥, 한 세 바닥만 팔면 돈을 주체를 못해. 하여튼 이런 보따리로 말이야. 그래 가지고 그걸 어따 넣느냐 허믄, 저 물초롱이라고 왜, 옛날에 물초롱이라고 왜 (앞에 있는 사각으로 된 철제통을 가리키며) 저런 거, 저런 거 생철로 맨든 통이 있어. 지금은 프라스틱으로 만들지만 옛날에는 깡통으로 맹글었는데 그걸 뜯구선 그 안에다 집어넣구선 땜을 해 가지고 니꾸사꾸(류색)라고 있어 큰 거, 니꾸사꾸에다 한 두 개씩 넣고 짊어지고 다니고 그랬다고. 쓰리꾼(사기꾼) 땜에. 그 안에 넣으면 칼도 안 비어지거든(베어지거든). 거 양철이니까. 그래 가지고 니꾸사구에다 넣어 가지고, 인젠 뭐 송금도 못하고 그래 가지고 댕겼다고.

객주집에 가서 계산은 직접 하시나요?

객주가 뗏목을 팔아 주는 것까지는 책임져야 돼. 팔아 주는데, 저 광나루에서는 전범룡이라는 사람이 있고, 유작은술이라는 사람이 있어. 유작은술, 그러고 또 박문영 씨가 있었고. 세 사람이 했지. 그게 말하자면 지금 복덕방 하는 거나 마찬가지야. 그래 가지고 이 떼를 팔면 삼부 구전을 줘야 돼. 삼부믄 백만 원에 삼만 원인가. 그리고 저 이거 엮었던 나무 그거 다 그 사람이 가져가구. 그게 뭐 트럭으로 거진 한 트럭은 돼. 엮은 나무가. 그땐 땔감이 귀허니까 땔감으로 쓰는 거지. 그거 다 차지하구 삼부 구전을 주고. 그 대신에 저짝[20]에서 받는지는 그건 모르겠어. 저짝에서 안 받지 아마. 우리네한테만 받지. 인수하는 사람한테는 안 받고. 그런데 뭐 그때 돈을 노비수표로 주는데, 한번 동양제과에다 낭구를 팔았더니, 동양제과, 지금도 있잖아. 동양제과에다 낭구를 팔았더니 수표를 주는데, 노비수표를 주는데, 대구치도 있고 저 청주치도 있고, 저기 대전 거도 있고, 뭐 몇 군데 걸 주더라고. 그래 그걸 내 동상이 있었는데, 내 동상(동생)이 그걸 며칠을 품을 걸려서 다 바꿔왔어.

그때는 수표를 발행한 데서만 바꿀 수 있었나요?

그럼. 현찰 아닌 담엔 거기 가서, 수표 발행한 데 가서 찾아야 되지. 거그 가 안 찾으면 안 된다고. 그런게(그러니까) 동양제과가 물건을 그리 판 거여. 그리 팔고 받은 거여. 거기서 받은 거니께 거 가서 찾아야 되는 거여. 그래 동양제과가 거그다가 안 팔았겠어. 뭐 저거 해서 안 팔았겠어. 그래구 저 대한제지도 팔고. 판유리도 팔고. 판유리 영등포에 있는 판유리. 아유 나, 거기도 엄청나더라고. 거 유리에 엉성하게 궤짝을 지금도 해 짜 가지고 다니지만, 엉성하게 해서 짜 가지고 다니는데, 그 안에 제재소가 다섯 군데나 있더라고. 그러니까 그놈의 유리가 얼마나 나오는 거여. 그래구 대한제지는 종이 맹그는 데. 거긴 뭐 무지하게 쓰는 거지. 응, 조선목기, 영등포에 조선목기, 저 성냥공장이 조선목기야. 나도 거기 팔았는데. 거 내가 여러 번 갔어.

직접 방문도 하셨나요?

거 물건만 팔았지. 거 가서. 뗏목으로 가지고 가서, 미루나무만 딱 매 가지고 가는 거야. 미루나무. 그래 가지고선 저 노량진에 갖다 대구서는 노량진 강에서 파는 거지. 거기는 민용선이가 노량진 객주 쳤어. 다 옛날 얘기지. 허허, 내가 낭구 떼로 한 건 안해 본 게 없어. 첫 번에 해방되고는 게다(슬리퍼), 게다를 많이 맹글었다고. 저기 뭐 고무가 이런 게 없기 땜에 게다를 많이 신었다고. 그거를 여러 수만 개씩 저 제재해 가지고 서울에 갖다, 저저 왕십린가 거기 갖다 팔았지. 왕십린지~ 거가 중량군지, 거 공장이 많았었다고. 그냥 대번대번 맨들어, 게다를. 우리는 송판때기만 캐 가지고 가는 거여. 이렇게 두껍게 그래 가지고 그거 가지고 이렇게 맹그는 거여. 거기서 인수해 가지고, 사 가지고 맹그는 거여.

'게다' 말고 다른 거는 무얼 하셨어요?

여러 가지 상 재료도 뚝섬에 갖다가, 그전에 경마장 자리 거기 갖다가 팔고.

5. 뗏목장사 81

나무 산 사람 중에 기억에 남는 분은 있나요?

뚝섬 거그선 제재소 한 사람밖에 없었는데, 염씬데, 염씨네 집인데 거기다 팔았는데, 그냥 돈을 안 줘. 거 물건을 상재료를 거기 팔았는데, 왜 안 주냐니까 돈을 못받았데요. 상쟁이들한테 줬는데, 지금 저기 거가 보광동 이짝에 거가 무슨 동이지. 보광동 가기 전에 강가에로 한남동에 갔다가 줬는데, 이놈들이 생전 상값을 안 가져온다고, 재료값을 안 가져온다고. 그래 할 수 없이 못 받을 테니까, [그 사람들] 주소를 알려 주면], 거기 상이라도 싣고 간다고 얘기했더니 거 가르쳐주더구만. 상쟁이들한테 아, 저, 상이라도 내 놓으라고 그랬더니 상을 한 찬가 실어왔는데, 뭐 이 놈도 집어가고, 큰 거 하나에 사백원, 적은 거는 이백 원 이렇게 했었는데, 그거 갖다 인부들이 전부 가져가고, 다 없어졌다고. 그 전에 경마장 자리야 거기. 이짝에는 제재소고, 뚝 너머는 한강이고.

나무 샀던 분 중에 기억에 남는 다른 분은 없으셨어요?

그러고는 뭐 저 대한제지지.

대한제지는 오랫동안 거래를 하신 건가요?

삼십 년이지. 거기 대한제지가 앉으면서 시작해 가지고 이사갈 때까지 했다고. 지금 청준가 어디로 이사갔잖아. 지금도 대한제지 있던 사람들 우리집에 놀러오는데.

처음에 대한제지하고는 어떻게 거래를 시작했나요?

뗏목을 가지고 가서 거기서 판 거지. 거가 광나루가 거기잖아. 그래 판 거지. 대한제지가 한 번 부도가 났었어. 대한제지 한 번 부도가 났는데, 뭐야 거기 법정관리로 들어갔었다고. 그래 내가 낭구를 미루나무 떼를 두 바닥을 내가 팔았는데, 돈을 줘~? 아이구, 대한제지 본사가 시경 있는데 거기 있었다구. 그래 만날 돈을 받으러 가믄 하여튼 현장에서 [나무를] 해 간 거여. 저기 저 광주, 양평, 여주 여기서 미루나무 강가에 심은 거 다 사 가지고 갔는데, 아 이놈의 게, 돈을 줘야지. 그래 매일같이 거기 있는 거야. 한 달을 넘게 거기 있었던 거야. 근데 사무실에 가봐야 아무도 없어. 그래 법정관리 들어갔다고 그러더라구. 그래 가지고 무슨 은행에서 나왔는지, 박씨라고 사람이 아주 참 좋아. 그래, 사무실에서 자는 거야. 여관비도 없구 그러니께 거기서 자는 거야. 돈을 받아야 뭐 하지. 그때 대한제지서 뭘 했냐면 거 시골에 거 돌가루 갖다 뿌리는 거 있잖어. 그거이(그것이) 단양에서 대한제지 그 사람이 허는 거여. 대한제지에서. 흥화공작소도 있었고. 대한제지가 한국에서 거 양춘선이지, 양춘선이가 대한민국에서 배짱이 둘째 가라면 서러워할 사람이었어. 이북 사람인데. 함경도 사람. 우린 사장을 잘 안 만나니까. 근데 법정관리 들어갔는데, 저 여관비도 없고 거기서 자는 거야. 거 사무실에서. 여름이고 이래는데. 자고는 만날 돈 받을라고 하는 거야. 그런데 거기 우리 일 년 선배가 박동선이라고 거기 돈 받으러 왔더라고. 그 사람이 어디 살았냐 하면 핵교(학교) 우리 일 년 선밴가 되는데, 단양군청에 재무과에 있었던가 봐. 근데 그 세금 받으러 온 거야. 그 대한제지로다. 근데 그 사람이 재수가 좋은지 원, 거기서 인사해고 있는데, 박동선이하고 인사하고 있는데, 지금도 살아 있어 그 사람. 어떤 놈이 들어오더니 저런 문에, 문에 주먹으로 들구 치더구먼 그래. 그래서 이제 낭구 개피가 그 사람(박동선)[21] 눈에 여기 맞었어. 눈에 맞아 가지고 그거 수술해 가지고 그 사람은 세금 받아 가지고 갔어. 허허허. 그때 대한제지가 여러 가지를 했어. 홍화공작소하고 지금 양수리 다리도 거기서 논 거여. 홍화공작소에서. 그랬는데 부도가 나 가지고. 그래 가지고 한 달 반 만인가, 거기서 자는데 거 박부장이라는 사람이, 그 은행에서 나온 사람이야. 법정관리 들어갔으니께 은행에서 나와 서 관리하는데, 아 거기서 그 사람이 돈을 신문지에 싸다 내 거만 가만히 갖다 주는 거야. 남 모르게 그냥 어여 가지고 가라고. 그렇게 갖다 주는 거야. 그래서 가져왔다고. 그 사람이 대한제지 관리하는데 나와 있어. 사무 보러. 은행하고 같이 해서. 지금 대한제지서 광나루 아파트 다 지은 거, 그거 다여 지금. 양사장네 거여, 양회장네 거여. 그게 삼만 평이야, 삼만 평. 대한제지 있던 자리 보면 알지만 전부 아파트 아녀? 그게 이 사람네 땅이여. 그래 가지고 거 청주로 이사한 거 아녀? 청주 가서 땅 사 가지고 거기서 지금도 허고 있어, 대한제지.

박부장이라는 분이 어떻게 어르신 것만 챙겨 주신 거죠?

안됐으니께. 다른 사람은 사업을 크게 허고 나는 적게 하는 데다가, 그거 밑천인데 그거 없으면 이 사람이 죽겠구나 허구서는 그냥 싸다 준 거지 뭐. 그래 가지고 나와서 뭐 이잣돈 주고, 뭐 허니께 장사가 확 죽었지. 허허. 그후에는 배로 또 장사했지. 배로.

배로요?

이제 혁명이 났어. 혁명이 나고는 반출이라는 것도 없고, 허가라는 것도 없고 그런 거야. 대한제지에서는 낭구가 없어서, 말하자면 그냥, 낭구가 있어야 물건을 맹글고 그러지. 그래 썩은 나무 이런 거 막 써. 그래 우리가 양평 여기서도 가지고 가고, 저 강화면서도 가지고 가고 [그랬어]. 그거 내가 한 사이에 이십 원씩 주고 샀다고. 이십 원씩 주고 가서. 반출도 없고 그러니께 그것도 지서에서 경찰이 또 산림법을 관리했대. 그러니께 그냥 경찰을 피해서 밤으로 마차, 우마차로, 저기 가면 우마차가 일 개 면에 열 개 있어, 열 대 다 실어와. 두 마차씩. 그러면 한 다섯 배씩 된다고. 배로 다섯 배면 한 여섯 트럭이나 일곱 트럭 돼. 그래 그걸 밤에 끌고 내려가는 거야. 반출도 없지, 반출이 뭐, 없는 걸. 그래 가지고서는 밤에 내려와서 대한제지 가 가지고 얼마 받냐면은…. 거 강가이니께 갖다 대면, 새벽에 광나루 사람들이, 그 인부들이 있어. 사람들이 새벽에 갖다 대면 한 세시쯤 되면 밤에 나와서 울타리만 넘으면 그만이여. 울타리만 넘으면 대한제지여. 울타리 한짝에(한쪽에) 문을 내놨는데, 그걸 풀어 놓고, 그 사람들이 한 다섯이서 밤새도록 날이 샐 때까지 미(매) 나르는 거야. 힘이 장사야. 지게로 안 지고 다 어깨에다 이렇게 미고서. 낭구가 거진 썩은 낭구니께. 거기 갔다 허면 계장들이…. 지금도 계장들 두엇은 우리집에 댕긴다고. 유계장, 도계장 해서 그 사람들이 검척을 해요. [검척을] 해서 오면, 본사에 가면 돈 즉시즉시 준다고. 아, 낭구가 없으면 공장이 서는데 어떻게 해.

얼마나 받았나요?

거기서 이십 원씩 준 게[22] 백칠 원을 받았어. 그래 뱃삯 주고 그러면 배 남는 거지. 그래 가지고 잘돼다가, 어떤 놈이 또 고발을 해 가지고 그걸 또 지서에서, 군에서 와서 낭구를 또 뺏기고…. 남이 잘되는 걸 싫어허니께. 한 동네 있는 놈이, 저 [경기도] 광주 그때 거기서 살았었는데,

저는 해 보니까 안 되고 내가 잘되니께 그냥 그놈이 갖다 고발하고 도망 갔어. 그래 가지고 낭구는 한 여섯 찬가, [아니], 여섯 배지. 돛단배 그걸로 가는 거여. 큰 거 돛단배 있었잖어? 그거로 가는데, 다섯 밴가 압수되고, 그래 가지고 압수된 걸 내가 내중에 경매처분해 가지고, 내가 또 가지고 가고. 아휴, 한 번은 다 떠내려보내고, 저 미사리 거기 가서, 섬에 갖다 대놓고선 조금 자다가는 밤에 비가 냅다 오는 바람에 다 떠내려가서, 배도 잊어버리고(잃어버리고), 그래서 내가 배는 광나루서 찾고, 저 팔당 가서 찾고, 그래 가지고 배는 찾았는데, 내 물건은 다 잃어버렸어. 그래 가지고 쫄딱 망했어.

6. 실패한 조림사업

나무 샀던 이야기 좀 해주세요.

그 전에는 산을 사면 산[을] 산 사람이 조림도 다 해주고, 지존작업[23]도 하고, 조림도 다 해주고, 또 묘목도 사다 심어 줘야 되고, 그렇게 했다고.

산을 산다는 건 나무를 사는 거죠?

그렇지. 나무만 사는 거지. 나무 사 가지고 조림해줘, 거 지존작업해서 조림해 줘, 거…. 나무 심을 데를 다 깎는 거지. 지존작업이라고 해. 그래 가지고선 신목해 주고.

신목이요?

심는 거지. 나무 심는 거지. 그리고 또 계약지킨 거, 어떤 사람 한 거 보면 산 대금을 조금 내면, 저, 거 삼 년인가 오 년 간에 깎아 줘야 돼. 근데 거, 그런 거는 대개 안 해지. 산주가 다 깎고 그랬는데. 지금은 벌초 허가만 내면, 묘목도 주지, 또 지존작업도 해주지, 또 신목허게 되면 신목허는 품값도 주지, 지금은 거기 대면 아주 뭐 그냥이지. 우리 헐 땐 그렇게 해 가지고 그냥 남는 게 별루 없고. [강화 쪽에서 산포장사 한 십몇 년 하고] 인천의 해태목도 해 가지고 댕기고. [그런데] 사 자 든 놈은 한국에서 다 도둑놈이여. 변호사, 의사, 교사, 세무사 다 도둑놈들이야. 뭐, 지금 뭐 환해. 내가 한국일보사 그거 때문에 망한 거여. 그 얘기하면 잘 모를 테지. 그 돈을 안 줘 가지고, 내가 이거 [숯 장사를] 한 건데. 이 노무 새끼들, 한나라당에 거 배영태라고 있다는데, 없다고 그래. 인제 찍어 봐도 없다고 그러는데….

그 사람이 어떤 사람인데요?

아 그놈 새끼가 돈을 안 줬지. 사장이 내놓을 건데, 이 새끼 비서실장인데, 그 자식이 일 년간을 끌고 안 주는거여.

그 사람이 배영태였나요?

배영태라는데 아닌가봐. 거기 없대. 이 조합에서 찍어 보니까, 아니 없다고 그래. 그놈 새끼 때문에 나는 망한 거여. 이잣돈이 지금은 일 년을 가야, 천만 원이어야지 사십만 원밖에 안 내놓는데, 그때는 천만 원이면 육백만 원이야. 천만 원이면 칠백이십만 원도 갔다, 육백만 원도 가고 그래. 육백만 원 내지 칠백이십만 원이야.

그렇게 고리예요?

그럼. 달라(달러)가 있어. 달라는 만 원 쓰면 삼만 원씩이야. 한 달에. 그럼 석 달만 지나면 구만 원이야. 그런 돈은 며칠만 꼭 필요할 때만 쓰지. 그리고 일반돈 그것도 얻을라면(얻으려면) 가서 술을 사 준다, 별짓 다해 가지고, 친한 처지여야지 그거 얻어. 육부 돈도. 팔부도 있고, 육부도 있고, 육부가 제일 싼 건데. 여유가 있는 사람은 그거 놓지. 그걸로 돈 번 사람 많은데. 그거 뭐 가만 놔두니 그렇게 [돈을 놓아]두면 뭐 [돈 버는거지]. 한국일보사에서 산판 일을 할 때 사천 명을 썼는데, 그때 천 원씩이여. 품값. 그런데 이 새끼들이 이십 몇 만 원인가 삼십 몇 만 원인가 받을 거 있는데 안 주잖아. 그래갖고 일 년 댕기다가 내중에(나중에) 내용증명서 띄운다니께, 그냥 바로 양평에서 자고 오니까, [한국일보사에서] 돈 받아가라고 집으로 전보를 먼저 쳤드라고. 내용증명서 받는다니까 [내 돈을 금방 주더구먼]. 허허~. 아, 지금도 한국일보만 보면 저 도둑놈 새끼들….

이십팔만 원이면 지금 돈으로 하면 얼마쯤 되죠?

품값으로 따지면, 뭐여? 지금 돈은 최소한도 품값은 육백 배야. 육백. 지금이 [품값이] 육만 원이거든. 품값이 우리 여기 하루 팔만 원 줘. 그런데 보통 하루에 육만 원씩으로 따지더라도 육백 배 아니여. [그때 품값이] 천 원이니까.

그럼 삼십만 원이면 천팔백만 원이네요?

아유, 그놈 자식들. [손자] 애들, 지금 아버지, 여기 초등학교 다니는데 만날 돈이 없어서 밥도 제대로 못 사 주고. 아휴, 고생 많이 했어. 근데 지금, 오늘도 세배를 할라고서 왔다는데, 애들 손자들 해서 명절 때면 한 백만 원이 거진 나갔는데, 내 생일하고 명절에 애들이 돈을 주고, 이래 가지고서 한 백이삼십만 원 들어왔어. 허허허~. 근데 애들 등록금 또 육백만 원을 줬지. 외손녀딸 하나. 우리 저 딸이 아주 여기서 그 솥에 밥을 계속해서 했다고. 하루 저녁에 저녁을 다섯 번씩도 차려. [일꾼들 때문에]. 자동차 운전기사 오지, 또 인부들 오지, 또 다른 데 가서 인부들 오지. 몇 군데 현장에서. 그런데 그 굴뚝에서 연기가 잘 안 나가고 부엌으로 연기가 나는데, 낭구 때 가지고 그렇게 밥을 하면서도 상 한 번 안 찡그렸어. 그래서 지금 딱하다고…. 그 아들 하나 군대 갔다 와서 전화한다고 하더니 오지도 않아. 그런데 딸 등록금 하라고 삼백만 원 주고, 또 아들 하나, 수원에 있는 아들 하나, 큰 아들의 둘째 애[24] 삼백만 원 주고.

자녀분이 어떻게 되시죠?

오남매여. 이남 삼녀지. 잘 살어. 다 노력해서. 아, 우리 가훈이 부지런히 일하고 정직하게 살자여. 아, 우리 일을 해도, 하도 숯을 훔쳐 가는 놈이 많아서 다 저거 [해고] 시켰어. [가훈은] 내가 [직접 정했어]. 몇 해 됐어. [가족회의 같은 건 안 하고] 내 혼자 [정]해서 너들이 따르라 했는데 잘 따라. 저희들은 또 친목회를 해요. 저희들 오남매서. 친목회를 해가지고 거 쫌 돈을 예축을 해놨다가 우리 저, 뭐 저 칠순 같은 데, 뭐 할 때 저거하지. 결혼기념일 뭐 이런 날 애들이 해주지. 내 생일도 시흥 가서 해먹었어. 서울 시흥이 있더만. [시흥] 금천동, 거 가서 해 먹고 왔어. 둘째 딸애네. [거기] 공원 하나 있더만. 그 앞에 집이야. 빌라. 아주 커. 널찍하고 좋더만.

7. 40년 넘게 구워온 숯

구술자가 직접 놓은 숯가마 앞에서 인부들과 함께 찍은 사진이다. 인부들은 모두 인근 동네 사람들인데, 그들은 모두 구술자에게서 많은 도움을 받았다고 했다. 구술자에게서 받은 일당이 그들의 생계에 많은 도움이 되었다는 것이다.

인천에서 한 해 태목은 어떤 건가요?

낭구(나무) 바다에 꽂는 거, 바다에 꽂어(꽂아) 놓고 거기다 그물 쳐 놓고 뭐 기르는 거 있잖아. 또 저기 다대보라고, 큰 나왕 같은 거 실을 때 옆에다 이렇게 참나무로 댔는데, 지금은 뭐 그런 거 안 대고 쇠로 대고 이래지. 그 전에는 참나무 이런 걸로 댔다고. 다대목은 일본말인데, 허허. 그걸 뭐라고 그러는지…. [난간처럼 세우는 거야.] 이렇게 꽂잖어. 꽂아야지 낭구가 안 넘어오고 그러지. 그거를 연안부두에 한, 그것도 뭐 한 십 몇 년간 했지. 그래 장사하다가서는 한 군데 가서 조림을 해자니께(하고 있자니까) 숯 굽는 사람이 있더라고. 한데 숯을 좀 굽자고 했더니 그렇게 허라고 그래, 가마는 맨들어 준다고. 그래 그 사람이 나보고 배워서 그 인부들을 해 가지고 해라고 그러드라고. 거 일본서, 이 사람이 윤명기 씬데, 일본서 강습 받은 거야. 왜정 때 일본서 거 가서 보급대 숯만 궜던 사람인데, 그래 그 사람이 저거 해라고 가마 해는 거 가리켜 주길래 열심히 배웠지. 열심히 배워 가지고 인부를 인제 전부 동원해 가지고 인제 산을 사 가지고 숯 굽는 거를 [시작했지]. 가마가 스물세 개까지 있었다고. 숯가마가. 그래 산에서 하는 거는 그저 기한이, 가마를 도급 주고 해서 비어(베어) 먹으면 한, 두 달 석 달밖에 못한다고. 가마를 그렇게 맨들어 놓고선 그 사람들이 도급제로다가 전부 굽는 거지. 가마 맺는데 우리가 얼마 보조해 주고, 맨들(만들) 땐 조금 보조해 주고. 그 사람들이 숯 한 통 맹그는 데 얼마씩 해 가지고 그걸 줬는데. 서울에 거 원진레이온 있었지. 원진레이온에 팔아먹고, 그냥 일반도 팔아먹고, 일반 상인들한테 팔아먹고. 그땐 숯이, 배에서도 전부 숯을 쓰고 그랬기 땜에(때문에) 소모량이 많았지. 배에서도 쓰고, 불고기집에서도 쓰고, 그래 뭐 그땐 숯이 많아 가지고. 지금이나 외려 그때보담 싸요. 그래 가지고 내가 열심히 배워 가지고 숯가마를 산에다가, 어떤 산에는 그저 열 개도 박고, 어떤 데는 다섯 개도 박고, 최고 많이 박을 때는 저기 한 백 정보 할 때는 한 스물세 개까지 박고. 그래 가지고선 원진레이온에 가서 인제 달아서 팔아먹고. 그러다 또 인젠 원진레이온이 없어지고 나니겐 허허 일반한테 팔아먹다가 그래서 안 되겠어서 이 집이다 시작헌 게 이제 한 삼십오 년 됐어. 집이가 이게 가마가 두 개 섰다고 이렇게. 거기 왜 두 개냐믄, 거기 거 전주가 섰어. 저기 전주 [때문이었어]. 그래 그걸 전기 회사한테 좀 옮겨달라고 해서(하니까) 그걸 옮겨 주더만. 그래 가지고 이걸 하나로 통합허니께 숯도 많이 되고, 공간이 적으니께 숯이 많이 나오고 그래. 여기서 군 지가 한 삼십오 년 넘지.

윤명기 씨는 어떻게 만난 거예요?

거, 우리 일을 했었다고. 숯 굽는 데 기술자니께. 그이가 우리 일을 허고. 글쎄, 거기 가서 숯가마에 나무 해서 하는 거 보니께 그거 해서 '돈이 될 것 같다'고 그이한테 가리켜(가르쳐) 달라고 해서 배워 가지고…. 여, 양평군 대성리, 거기서부터 시작해 가지고…. 모든 사업이란 게 내가 알어야 하는 거야. 사업을 헐 때 내가 알어야지 남을 시켜 먹지, 내가 모르고 남을 시켜 먹기 아주 힘들다고. 그래 남을 시켜 먹자니까 내가 배워 가지고 시킨 거지. 그래 어떻게 돼서 나오고 하는지 이런 거를 그 사람이 전부 세밀히 가르쳐 줘 가지고. 첫 번에 어떤 일이 있었냐믄은 (마당에 그림을 그리며) 양평 사람이 여 산을 이렇게 사놨는데 숯가마를 여기 하나 박고 여기 하나 박고 두 개를 박았는데, 이 인부들 시켜 놨는데 이 인부들이 핼지 몰라서, 지금도 저 아래 그 허던 사람이, 지금 하나 있는지 그래는데, 숯이 안 되는 거여. 굴뚝을 이만큼 높이 했다고. 굴뚝을 이만큼 높이, 돌이니께 굴뚝을 이렇게 제비집같이 높이 양쪽에 다 해놨어. 그러니께 이놈의 숯이 안 타는 거여. 거까정밖에 안 타는 거여. 그래 맨날 안 타는 거만 져다 [불을] 때기나 허구. 그래 목상도 망해고 인부도 망해는 거여. 그래서 그걸 그이를 보고 한 번 뵈켰지(보였지). 그래 이거를 사십만 원인가 인수해는데, 산을 낭구 비는(베는) 거 전체하고 숯가마하고 그걸 나더러 인수허라고 그랬는데, 그것도 어떤가 하고 한번 가보자고, 그래 그이허고 인젠 둘이 갔지. 가니께 가마가 참 이렇게 굴뚝이 여기가 있다고. 이 밑에 바닥에 있어야 되는데. 그래 가지고 그이하고 이 정 뭐 이걸 가지고 가서 아주 두 개를 하루 진종일 깨냈다고. 인제 깨내는데 이게 뭐 쉬운 게, 이 돌이 불을 먹었던 거라 놔서 그래서 쉽더라고. 그래 하루 진종일 둘이서 그냥 캐내 가지고 깨끗하게 캐놨다고. 그리구선 내[가] 그 산을 인수해 가지고선 그래 해 가지고서는, 아, 숯을 맹그니께 숯이 그냥 엄청 잘 나왔다고. 그래 가지고 거선 돈 좀 벌었지. 허허. 인부는 다른 사람 쓰고. 내가 직접 써 보고, 코치를 허고, 내가 전부 말허자면 관리허고. 아이구 그래 모르는 사람은 지금도 숯을 뭐, 지금도 다른 사람은 뭐라고 그러냐믄은, 엊그저께 우리집에 온 사람인데 낭구를 갖다가 그냥 거 낭구 임자를 다 숯을 궈 준대. 그냥. 궈 줘서 목초액하고 뭐 찜질방만 한대. 나는 이 낭구 가지고서는 사 가지고 해도 내 이익금을 다 보는데, 이 사람들은 그런대. 숯을 구울 줄 모르니께 그런 거여.

그러면 숯은 어떻게 굽는 건가요.

가마를 인제 맨들고…. 크기야 뭐, 맘대로 하는 거지. 적게 맹글믄 자주 꺼내고 인제 자주 해고. 크게 만들믄 가마가 직경이 그저 한 사 메타(미터)면 맞는 가마야. 그저 너무 크게 만들면 가마가 위험해요. 철이 끊어지고 구녁(구멍)이 뚫어지면, 철이 녹아 가지고 철이 떨어지면 [위험해]. 옛날엔 철을 안 댔다고. 옛날 첫 번에는. 그랬다가 중간에 도라무깡(드럼통) 같은 거 뜯어서 이렇게 철사로다 그냥 얽어매고 허고 그랬지. 그 전엔 뭐 쇠를 많이 대고 뭐 이렇게 안 했다고. 가마 둘러싸는 건 돌로 하고, 다른 거는 떡메로 하고. 떡메로 쳐 가지고선 아무것도 지붕

구술자가 직접 만든 숯가마의 모습이다.

숯가마의 입구에 나 있는 굴이다.

도 안 해고 그전에는 옛날 가마들은 쪼끄마해. 쪼끄만한데, 직경 한 이 메타, 아 저 일 메타 반이나 일 메타였다고. 여, 아무것도 쇠 철, 이거 필요 없어. 때려 가지고 아주 기가 막히게 때려. 뭐 말햍 수 없이 때리는 거여. 진흙을.

옹기 굽는 가마랑 비슷하게 하는 거죠?

그렇지. 그거 하군 틀리지. 옹기 이거는 이렇게 둥그렇게 해놓고 그걸 저 옆에 구녁이 있어 가지고 거기다 나무 집어넣고 [그러는 거지]. 근데 이건 거기다 넣으면 대번 망가져 버려. 이건 한 쪽에서 때고, 한 쪽에 나가고. 인제 내중에 다 불이 댕기먼, 이 창굴이라고 세 개가 있는데, 그거 다 막아 버린다고. (마당에 그림을 그리며) 숯가마가 이렇게 있으믄, 이거 통굴이 있는데 지금 저거 한 거, 저건 땅 밑에서 뚫어진 거여. 땅밑에서부텀 올라온 거지, 저건. 그래 이걸 다 막아 버리면 불이 갈 데가 없으니깐 그냥 내려 타는 거지. 낭구 요런 거 쪽 세워. 요렇게. 세우고선

숯가마의 내부.

대가리에다 불을 댕기는 거여. 대가리에다. 불을 댕기면 하루에 (손가락 마디 하나를 가리키며) 요만큼씩 타들어 가는 거여. 타는지 뭐하는지 뭐. 뭐, 진이 묻어서 내려가는 거지. 이게 한꺼번에 확 타믄 그냥 가마 대번 터진다고.

보통 어느 정도나 있으면 꺼내는 건가요?

다 타야지. 다 타믄 퍼런 연기가 나면서 연기가 잘 안 나와. 그래 여 앞에서 들여다보믄 불기가 하나도 없고, 이 화로에다 불 담아 논 거 같이 이글이글해. (앞의 숯가마를 가리키며) 다 타믄 여기[25]을 막는 거여. 가마에 낭구를 세울 때는 이렇게 세워. 딱 들어붙게끔. 이게 간격이 떨어지믄 불이 여기 연결이 안 되거든. (불은) 한 다섯 시간 정도 때야지. 네 시간 내지 다섯 시간. 불이 완전히 들인 담에, 꼭대기 들인 담에 창굴을 쪼끔씩, 한꺼번에 막지 말고 두 번에 막지. 보통 만 오 일, 그러니까 육 일째 가서 다 막는 거야. 인제 타는 거 보믄 알지. 연기 보고 냄새만 맡아 봐도 다 알지. 통굴은 저 이십사 시간 후에 막는 거야. 그게 왜 이십사 시간 후에냐믄, 저기로다가 가스가 다 나가라고.

그러고 나면 얼마쯤 있다가 숯을 꺼내는 거예요?

얼마쯤 있다가…. 이건 가마가 크니까 십이 일. 조그만 가마 같은 건 닷새도 꺼내고 뭐. 이건 한 십이 일 넘어야 한다고. 한 십 일만 되도 꺼내는데, 아유 너무 뜨거워서.

지금 안에 숯이 있는 상태인가요?

하나 잔뜩 들었지. 오늘이 칠 일인가 돼. 그래서 한 삼십사 일에 두 가마하지 [한 가마 하면은] 나뭇값이 한 백만 원어치 들지. 품값이 여자들은 한 칠십만 원 정도, 먹는 것까지 팔십만 원 정도 들지. [여자들은] 숯 껍데기 벗기는 거, 글고(그리고) 담고 포장하는 거 하지. 숯 껍데기는 다 벗기고 빤빤하게 하는 거지 뭐. 그래 가지고 저거는 농작물에도 가고, 납골당에도 갖다 뿌려. 그 농사 짓는 데도 많이 쓰여. 껍데기는.

재 같은 걸로 쓰는 거예요?

아니, 아니, 토지 연작하는 데 이거 한번 뿌려주면 몇 년씩 간다고. 연작하는 데. 그리고 저기 뭐 납골당에도 가고, 집짓는 데도 넣고.

여자 분은 몇 분이나 쓰시는 거예요?

숯가마의 입구까지 숯이 가득 들어차 있다.

여자가 한 다섯 명. 남자는 여섯 명. [인부들은] 여기 다 해본 사람들이지. [동네] 나이 많은 사람들. 맨 칠십 세 넘은 사람들이지. 남자들이. 기계톱 하는 사람은 자르고, 가서 낭구 갖다 세우는 사람 있고, 경운기 갖다 실어 나르는 사람 있고, 집어넣는 사람 있고. 아 저기 테레비 보면 저수통으로 져서 세워 두는데, 우리는 여기 집어넣어 가지고 하지. [남자들은 품삯이] 팔만 원. 일당이 팔만 원이고, 여자는 삼만오천 원. [일을] 하루에 다 하는 거야. 하루에. 세 분이 전부 인제 첫날은 하고, 두 분이 나중에 포장하고. 그래서 한 가마에 칠십에서 팔십만 원 [하는 거야]. 남자 분들은 일당 팔만 원, 기계로 가지고 하는 사람은 십만 원[이야].

어르신은 힘쓰는 일은 많이는 못하시겠네요?

작년까지는 낭구 세우고 그랬지. 그런데 이제 올부텀은 안 돼. 지금은 경운기에 실어 주는 것만 조금씩 거들어 주고 그러지.

가마 하나 하면 숯이 얼마나 나오는 건가요?

보통 백오십 개. 백오십 박스가 아니라 고기 구워먹는 거 해서 전부 백오십 개 정도. 여기 만오천 원짜리가. 잘 안 되면 몇 개 안 되고, 잘되면 한 이십 개도 나온다고. 보통 열다섯 개 정도. [나머지는] 박스로다가 한 육십 개, 칠십 개 나오고. 잘 구워져야지 나오지. 안 구워지면 하나도 안 돼. 한 박스에 이만 원. 고기 구워먹는 거 상판 있고. 상판이 육십 박스라 했나?

만오천 원짜리가 크고 좋은 숯인가요?

아냐, 이만 원짜리가 좋은 거야. 상판, 상판이 이만 원, 하판은 열다섯 개 만오천 원. 합이 한 백오십 개 나오는데, 칠십 개 나오는 날 별로 없어. 칠십 개 못 나올 때도 있고. [상판은] 육십오 갠가 [나와]. 한 가마에 한 백만 원 정도 [남아]. 목초액도 있고. 혼자 하면 이것만 해도 실컷 먹고 살아. 한 달에 한 삼백만 원 벌면 먹고 살지. 목초액에서도 돈 벌고 그러니까. 한 달에 아무리 못 벌어도 삼백만 원은 벌어. 안 해서 그렇고, 기술이 없으니까 그렇지. 사업이란 게 뭐든지 돈, 판로, 경험 이 세 가지를 갖춰야 한다고. 이 중에 한 가지라도 빠지면 안 돼. 음식 장사도 자기 판로 없고, 손님 없으면 헛일이고, 또 기술 없으면 헛일이고, 돈 없으면 못허고. 아무 사업이라도 세 가지는 갖춰야 된다고.

8. 숯과 목초액에 대한 애정

숯가마에서 꺼낸 숯 중 가장 좋은 숯을 구술자가 직접 들어 보고 있다.

전국에 이런 숯가마가 많죠.

전국에 많은데 그 사람들은 모두 찜질방을 한다고. 강원도 원주 가면, 내 몇 번 갔다 왔는데 상량리라고 하던데. 거기 가면 그 백탄도 꺼내고 검탄도 꺼내고 그런 데가 있다고. 거기 강원산업인가, 그 사람들은 엄청 부잔데, 돈을 무지하게 벌었어, 그 사람들이 맨 먼저 시작했어. 그 사람들이 땅에서 하는 것은 맨 먼저 시작했지, 근데 이 산에서 하는 것은 역사가 한 백 년은 됐어.

땅에서 하고 산에서 하는 것은 차이가 좀 많이 있나요?

산에선 허가를 안 내줘. 불 때문에. 그 전엔 산에서 하면 가마 하나 가지고는 두 달 내지 많이 해봐야 석 달밖에 안하거든. [그런데] 녹지사업 하느라고 허가 같은 게 통 없었지. [그런데] 숯섬이라고 있어. 숯섬을 이렇게 왕새로다 태워 가서는 이렇게 해 가지고 그 안에다 담아 가지고…. 아. 그걸 뭐라고 해. 저 늪에서 나는 거. 아, 억새. 억새를 엮어 가지고 동그랗게 해서 담아 가지고 [하는 거여]. 지금도 민속촌에 가면 있을 거여. 나도 그거 할려고 하는데, 많이 주면 하겠는데. 우리 집에 그거 맹그는 틀이 있어, 근데 그 엮는 거, 그전에 왕새가 없었는데 지금은 맨 저기 천지여. 지금은 나랏돈이 흔해. 서울대학교에서 병원에서 이걸 맨들어 가지고 한 번도 못 굽고 낭구(나무)만 다 태워 내버리고서 그냥 왔어. 서울에 김박사라는 사람이, 서울대학에 [있는 사람인데] 우리 집에 광주 사람하고 왔는데, 그 사람이 뭐라 그러는가 하면 우리 숯을 보고 이렇게 나오면 어떠냐 하는 거여. 그래 가지고 돈 오천만 원 들여 가지고 다 내버리고 그냥 왔대. 그래 가지고 지금 광주에다가 갖고 있어. 광주 곤지암 그 쪽에다가 사천만 원 들였다는 거야. 그래서 내가 그랬지. 야, 이놈아. 사백만 원만 들여도 실컷 박을 텐데 사천만 원씩 들여다 박느냐고. 그랬더니 "아, 이거 쇠로 박느라고 [그랬다는 거야]." 쇠 아니라 금덩어리로 갖다 박어. 내가 아는 사람인데. 그 사람이. 숯가마 박은 사람. 그래서 우리 집에 와 가지고 목초액 사 가고 그래. 지금. 세상은 요 지경 속이라고. 공덕동 가면 무슨 빌딩인가, 왕박사가 있는데, 목초액 가지고 연구하는 놈이야. 근데 목초액을 우리는 백탄 아니고 검탕이라니까, 그거 못 쓴다고 이 지랄이야, 글쎄. 연기에서 받는 건 똑같은데, 백탄하는 거나 똑같이 연기에서 나는 건데 못 쓴다는 거여. 이게 말이여? 우리 집에 주소 있어. 그거 근데 한번 목초액 거기 한 번 가지고 가는데 영 그게 어디 엄두가 안나.

공덕동에 왕박사라구요?

우리 집에 여 주소 있어. 내가 그 주소가 맞으면 택배로다 목초액 부칠라고 그래. 지금 아유, 나 접때 군[청]에 갔다가 가구며 다 걷어갖고 올라고. 씨아리가 안 먹어. 이 자식들이 이게 뭔 행상인 줄 알고 지랄이라 그래. 글쎄, 여기 저기 저 산업계장 하던 저 저기 총무계장으로 있던 놈이 총무계장인가 산업계장인가 거기 저기 행정과에 계장으로 있더라고, 내 그놈이라도 만나서 나를 알고 반갑게 저걸 해줘서 좀 저거 했지.

허가 때문에 그러신 거죠?

허가도 누가 내 달라고 해서 그렇고 한데, 씨아리가 안 먹혀. 얘기도 꺼내지도 못하고. 목초액이 화장실에 갖다가 구청에 공동화장실에 뿌리면 균이 다 죽을 텐데, 그것도 뭐 시늉도 안 해주더라고. 그런 농사 같은 데는 씨를 뿌리고 목초액으로다 농약을 주면 브랜드 쌀을 생산할 텐데. 지금 여주가 브랜드 쌀을 생산한 데여. 그래서 뭐 가지고 갔더니 뭐 씨아리도 안 먹혀. [목초액] 이게 살충도 되지, 살균도 되지. 이거 영양제도 되지. 작물에 이거 안 쓰면 무공해 식품으로 만들 수가 없는 거여. [직접 실험도] 해봤지. 작물에도 주고, 고추에 들깨 [다 해봤지]. 고추에는 한 십분의 일 타고, 물을 십 [정도] 이렇게 타고 주는 거고. [한 해 농사]에 고추는 뭐 열 번 이상 뿌리는 거지 뭐. 수시로 뿌리면 좋지 뭐. 다른 작물은 그저 뭐 저거에 따라 주는 거지 뭐. 참깨에도 주고 상추에도 주고. 상추는 조금 약해요, 한 이십대 일 [정도 해야 돼]. 살충도 되니께 영 버러지도 없어지고. 상추 같은 거는 따기 전에 한 번씩 주면 되지. 들깨는 아이 뭐, 난 댓 번만 줘도 [되고]. 피부엔 원액도 좋지. 화상 입을 적에도 병에다 담그면 되고. 표고에 균이 생기면 이걸 갖다 치는 사람이 있더라고. 그거 뿌리면 좋다고 뿌리는 사람이 있더라고. 나는 직접 안 해봤는데. 그게 다 없어지고 보호가 잘되니까. 그 사람들이 표고 딸 때 사 갖고 가. 단골이라곤 할 수 없어. 그 사람들이 와서 사다가 써 보고, 좋으니까 사가는 거지. [숯하고 목초액은] 장사꾼들이 많이 사 가. 개인적으로도 많이 사 가지. 아파트에 이사 가는 사람들. 그러니까 습기 차이는 사람들, 공해 나쁜 사람들 많이 사 가지. 그런데 한 가지 문제되는 건 아파트에 뭐 높은 데 물통 있잖아. 거다 숯 한 포만 갖다 씻어서 넣으면 한 일 년 간 좋은 물을 먹을 텐데. 그걸 안 한다고. 정화가 되니께. 씻어서 넣어야 돼. 숯 안 씻고 넣으면 숯가루 뜨고 막 이래서 [안 돼요].

한 포 정도면 분량이 어느 정도나 되는 거죠?

한 포면 십육 키로. 저거 박스는 십이 키로 [그래]. 그 정도만 해도 아파트 옥상에 물탱크에 넣으면, 아주 정화시키는 거여. 숯 저거 한 덩어리만 넣어도. 그게 난 저걸 개발하려고 하는데, 우리 아들이 하지 말라 그러는 거여? 생수병에다가 숯을 요만한 걸 가지고, 참나무 섞어서 가느다란 거 갖다 여다 부어 가지고서는, 그거 숯 요만큼 한 오 센치(센티미터) 정도 끊어 가지고, 그거 물병에다 하나씩 넣어 가지고, 이걸 특허 내자고 했더니, 우리 아들이 하지 말라네. 그거 하다 망하는 사람도 많고. 이거 내가 하면 천상 생수 남겨 먹는 놈들한테 팔아먹어야겠어. 생수업자한테 팔아먹어야지. 그것만 하면 그까짓 정화, 요만큼만 넣어도 정화 다 되거든, 그 안에.

지금 저 주전자에 있는 물에다가 지금 숯 넣은 거잖아요?

저게 저 오래 되면 가라앉는데, 이 냉장고에다, 냉동실에다, 빠게쓰(양동이)에다 넣구선 저걸 담가 놓고선 가서 떠먹어. 냉동실이 있거든. 냉동실에 여기 있는데, 그게 백탄이라는 거여. 허옇게 된 게 백탄이라는 거여. 그런데 말만 백탄이지. 성미가 급해 가지고 막 잡아 끄집어내는 거야. 그래 가지고 자꾸 부서져. [검탄보다는] 백탄이 좋지. 그건 가스가 완전히 빠진 거거든. 가스가 완전히 빠지고 숯이 댕댕하고 불을 피워 놓으면 검탄은 일곱 시간 가면, 백탄은 열 시간도 가. 불에 피워 놓으면, 백탄 그게 오래 가지. 지금 중국산 [백탄]이 불이 안 붙는대. 불이 안 붙어 가지고 우리 숯을 사가다 거기다 붙인대.

그 백탄이 정화하는 데도 좋나요?

정화하는 데 그렇지 뭐. 이게 한 가지 가스가 좀 덜 빠져 있는데, 우리 완전히 가스를 빼여. 그런데 완전히 빠질 수는 없지. 그런데 백탄은 아주 저 뒤에서 굴을 해 놓고 그래야 되는데 그걸 안 해놔, 지금은. 그런 백탄은 가치가 없어. 말이 뭐, 백탄이지.

목초액은 원액에다 물을 타야 하는 거죠?

뭐, 이런 데 기냥(그냥) 하는 거여. 원액으로. 아, 눈병이 나도 여기 [눈에 직접] 바르면 나아. 눈에 눈꼽이 지고 눈이 빨개지고 이렇지. 그래도 저기 그냥 해놓고 바르는 거야. 원액으로 이렇게 찍어갖고 바르면 [처음에는] 따끔따끔해. [그래도] 자고 일어나면 깨끗해. [애기들도 원액으로] 그냥 발라. [처음엔] 따굽다 그래. 내 이런데 헌데가 나고 나이 많은 사람은 이런 데 검버섯이 나잖아. 검버섯 나는 데도 바르면 나아.

지난번에 십분의 일 말씀하신 거는?

아니 거는 작물에 주고. 그러고 이런 헌데 나고 불에 데도 거기만 담그면 금방 나요. 금방 낫고. 화초에는 한 십대 일로 조금씩 뿌리고, 어항에 뿌리면 이 정화되는 거여. 그냥 냄새. 이 자동차 몰고 댕기는 사람들도 이거 타놓고서는 한 서너 고뿌(잔) 먹고선, 술 먹어도 한 이십 분만 지나면 [음주 측정할 때] 불어도 안 나와. 근데 이거 선전이 안 돼서…. 그 선전 좀 해달라고, 농림과 환경과 이런데 가 가지고 [부탁도 하고 했어]. (한동안 주소 적은 종이를 찾더니) 우리 여기 이걸 부쳤어. 청와대. [숯을] 보내달라고 그래 가지고. 합천 해인사에도 보내고. 합천 해인사도 가져갔어. 합천 해인사 강원, 진원순이구나 진원순이. 우린 몇 해 그냥 [숯값을 똑같이] 받아. 그냥 더 안 받고 그대로 받는 거지. 그런데 이것도 그만둬야 하는데 아이구 뭐 누가 뭐 허가 내서 하면 내가 전부 뒷배는 해주고, 전부 판로 이런 거 다 해준다고 해도 허가를 안 내줘. 그래 내 [여주]군청에 들어갈려고 그래. 아 내 며칠 안으로 들어가서 만날 바빠서 못 들어가는데. 목초액이 선점이 안되서, 목초액이 하여튼 저기 뭐, 요전에 보니까, 텔레비전 나오는 거 보니까, 화장실에 벌레가 엄청나다며? 거기다 뿌리면 [벌레가] 다 죽고, 지금은 냄새나는 데 뿌리면 그냥 뭐 개똥 같은 데 뿌리면 냄새가 조금 있으면 안 나. 하나도 안 나고. 뭐, 이 목초액이 무좀, 습진, 애들 아토피[에 좋아]. 이 머리에 비듬 있는 데[는 목초액으로 머리를 감으면 좋아]. 비듬이 있으면 이게 머리가 빠지기 시초여. 우리 조카도 [비듬이 있었었는데, 처음에는] 냄새난다고 안 한다고 하는 거, 아 그걸로 감으라고 했더니 감아서 비듬이 싹 없어지니까 괜찮어. [그런데] 이거 [숯을 만들 수 있도록 제도를] 맨들면(만들면) 되는데 [그렇게 안 해]. 지금 이 산에 나무가 지금 이십 년만 있으면 한 번씩 깎아 먹을 텐데. 이거 버러지 자꾸 먹고 저거여~. [그런데] 숯가마 허가를 안 내줘. 아 뭐, 뭐, 걸린다 해서. 이게 허가 신고제라는데 당최 [허가 조건이 많아]. 옆에 집 있으면 연기난다. 뭐 [이런 거여]. 뒤를 이어 하겠다는 사람은 많지. [그런데] 허가 때문에 [문제야]. 허가 내라. 그러면 내가 간판이고 뭐고 다 준다 [그런 거지]. 이제 나도 정신도 다 없고 그래 가지고. 물건은 뭐 하여튼 충주까지 다 팔아도 모자래. 지금도 충주 거 실어갔는데, 열아홉 개 남고 다 없어지고. 몇 군데서 만날 주문이 들어와. 그런데 [이 가마를] 누굴 줘. 먼저 선착순으로 가져가는 놈이 임자지. [허가 내는 건] 연구를 한 번 해 봐야지. 군청에 들어가서 군수를 한 번 만나 봐야지. 그전에 군수는 나하고 잘 통하는 사람이었는

> 이제 참숯은 단순히 장 담글 때뿐만 아니라
> 밥 짓는 데서부터 바닥장판에까지
> 구석구석 그 쓰임을 넓혀 나가고 있다
> 사람들이 생활 속에서 숯을 멀리하고 있을 때조차
> 숯과의 인연을 놓지 않고 있던 사람이 있다

경기도에서 수여하는 제1회
'경기으뜸이'에 선정된 후,
경기문화재단이 발행하는 '경기으뜸이'
책자에 소개된 구술자의 모습이다.

데, 이제 군수가 다른 사람이 돼서~. 그 전에 박 군수라고 있었는데, 잘 통했었다고. 내 이름으로 하고 [동업하는 것처럼 하려고 그러는데] 허가를 안 내줘. 그런데 이제 이 가마 이거 오래 돼 가지고 완전히 곤치면(고치면) 모를까. 당최 밤에 잠도 못 자겠고. 무너질까봐. 무너지면 그 안에 숯도 다 버리고, 불은 날 리 없지만, 그러면 몇 백만 원 망가지는 거야. 내가 우리 집에서 하는 거니까 [그냥 하지만] 귀찮아서 이제 누가 하는 사람 있으면 넘겨줘야겠어. 나 한 달에 담뱃값이나 [주면]. 이거 저희들이 시설하자면 굴뚝이고 뭐고 이런 거하고 해서, 이 [목초액] 통하고 해서 그것도 몇 백 가져야 해. 그런데 그런 거 다 주고, 나 담뱃값이나 주면, 내가 봐준다 하고 그냥 해야겠어. 내가 돈이 없고, 애들 돈 달래면 모를까. 이거 할 때는 어디 갈 때도 하나만 가지 둘은 못 가.[26] 금강산도 못 갔는데. 난 그전에 금강산 앞으로 많이 지내다녔지. 이북에 있을 때 장사하느라고. [금강산] 앞으로만 다니고, 해금강 역에서 내려 가지고만

8. 숯과 목초액에 대한 애정 113

보고, 산에 올라가 본 적은 없어. 저 내금강 쪽으로도 그 앞에까지 갔어. 에이 뭐, 이제 외국 여행도 좀 다니고, 여권도 해다가.

9. 아내 최선녀의 구술

살아왔던 이야기 좀 해주세요?

으응. 이름은 최선녀요. 저는 그런 걸 모, 모르겠어요. 나이가 먹어 가지고 인제 다 잊어먹어서 모르겠어. 뭐, 어떻게 지나갔는지도 모르게 나이가 먹어 가지고 어떻게 된 건지도 몰러. 어떻게 지나간지도 모르고 이렇게 덤, 덤덤하게 사네요. 사는 게 덤덤하게 살아요. 저희는 옛날에 그런께 육이오 난리 났는데 결혼해 가지고 일 년 있다가 시아버님이 돌아가시고 일 년 있다가 남편이 군인 가고. 그러고서는 여자들만 쭉하니 살았었어요. 그리고 시동상 둘하고 여자들이 시누 둘, 시외할머니, 시할머니, 시외할아버지, 그런께 맏동새(맏동서) 시어머니, 시누들 둘, 나 여자가 한 대여섯 명 됐나봐. 그러니까. 그렇게 살아 가지고 뭐 어떻게 지나가는 것도 몰랐어. 육이오 난리 나서 죄 식구가 다 나가고 없으니까. 그러니까 어떻게 된 건지도 몰라. 엉망이야. 사는 게 엉망이야.

그때 그러면 살림은 누가 맡아서 하시고요?

예. 시어머니가 맡아 가지고 그리고 친정어머니하고. 그렇게들 다 사는데 노인네가 다 맡아 가지고 했지. 우리 시어머니가. 그리고 우린 그 밑에서 그냥 일만 하고 있었지. 저희 시어머니? 그냥 농사꾼이었어요. 아침만 먹으면 들밭에 가고 저녁만 먹으면 피곤해서 자고. 그래갔고 뭐여. 보리방아[를] 저녁이면 쩧어 놨다가 아침에 해먹고. 그래서 아침에 인제 해먹고 또 점심에 해먹고 그리고 저녁이 되면 또 보리방아 쩌서 놔뒀다 아침에 해먹고. 그랬었어. 그래서 무슨 저기가 없이 살았어. 물고. 남자들은 아무도 없고 여자들끼리 이렇게 사는데 보리방아 저녁에는 쩌갔고 먹고 낮에는 일 나가고 말이야. 몰라. 무슨 뭐 홍수흥망을 몰르고 살았어.

할아버님 군대 갔다가 돌아오셨을 때 그때 기억나세요?

몰라요. 군인 갔다 온 것도 생각도 안 나고, 그런께(그러니까) 군인을 육이오, 그 뭐여 육이오 난리 나선가 간 건지 그 안에 간 건지 그건 모르는데. 그때는 군인으로 안 가고 뭐 무슨 군인이라 그러던가. 그거 갔었어. 그래 가지고 군인 생활하다 온 거유. 그때는 나도 뭐, 나이가 어려 가지고 아직 뭐가 뭔지는 몰러. 열여덟 살에 결혼했으니까. 저 양반은 스무 살에 [했고]. 그래 일 년 있다가 군인을 갔으니까 뭘 알아요. 모르지. 아무것도.

아니, 돌아오셨을 때 부상을 당하셨잖아요.

부상당했나 어쨌나 몰랐었어요. 나이가 어리니까. 인제 그때 뭐 인편으로다가 인제 이렇게 집에 연락을 해고, 그래 가지고 뭐 부상을 당해 가지고 병원에 있었는지 어쨌는지 난 나이가 어려 가지고 무슨 뭐 무슨 철을 몰라 가지고 뭘 몰라요.

그래서 그 병원에도 못 가보시고 그러셨겠네요?

아유, 가보긴 뭘 가봐. 얘기도 똑바로 못해 봤는데. 얘기도 잘 못했었어. 그때야 다 남편들을 어려워하쥬. 남편을 참 무섭게 생각해구, 시어머니 식구들이 뭐라고 그러면 시누들이 많이 나서서 뭐라고 하기 때문에 뭐라 해보지도 못하고, 그래고 사는 거유. 이래저래 결혼해 가지고 스물세 살인가 그럴 때 얘기를 낳어. 군인 갔다 와 가지고. 그리고 오 년인가 육 년 만에 [태어났어]. 우리 큰딸이 지금 쉰세 살인가 그런데 말

떤데. 그때 그렇게 낳는데 말이유. 어떻게 난 것도 모르고 나이가 어려 가지고. 그리고 애를 낳아도 내가 젖만 먹였다 뿐이지 어른들이 다 키웠어. 어른들이 다 키워 가지고 몰러 난. 우리는 병원에 한 번도 안 가봤어요. 애를 몇을 나도 병원에 한 번도 안 가봐. 시어머니가 [산파를] 해줄 때도 있고, 남편이 한 번 해줄 때도 있고, 그랬었어. 남편 군인 갔다 와 가지고 애기를 낳았으니까. 그래도 시어머니가 다 해준 거지.

그때 첫아이로 딸을 나셨다고 시어머님이 안 좋아하시거나 그러진 않으셨어요?

딸을 하나도 아니고 둘이나 낳아요. 그래 가지고 둘째로 난 딸은 죽었어요. 죽고 인제 큰딸 그 낳부렀는데, 두 번째로 딸 나 가지고 시어머니가 하도 걱정을 해갖고요. 밥도 못 먹었어요. 산밥도 못 먹었어요. 하도 그냥 이렇게 서운해 하시고 야단을 쳐서요. 밥도 제대로 못 먹었다고요. 그래 가지고 하도 울어서 눈이 이렇게 자꾸 마를 새도 없었어. 그렇게 살았었어요. 그건 알아도 딴 건 몰라.

둘째 자녀분은 어떻게 해서 죽게 되었나요?

그냥 병이 들어서 죽었어요. 병이 여섯 살 적에 들어갖고 열두 살에 죽었어요. 그냥 이렇게 자고 일어나더니요. 수족을 못 쓰고, 눈을 못 보고, 걸어댕기질 못하고 [그래요]. 여섯 살에. 이렇게 해가 넘어갔는데, 밖에를 나가더라고요. 밖에를 나가더니 이제 들어와서 저녁을 먹고 잤는데 아침에 밥을 먹으라 그러니까 밥을 못 먹는 거예요. 그래서 왜 그러냐고 하니까 눈이 안 보인대. 눈이 안 보이고 걸음을 못 걷는 거예요. 그래 가지고 육 년 있다가 죽은 거예요.

병원엔 안 가보시고요?

병원에 엄청 갔었죠. 병원에도 내가 못 델구 가고 노인네가 데리고 갔었어. 서울 뭐 무슨 병원에 갔는데 거기서 뭐 머리 수술을 해라 그러더래요. 머리 수술을 해라 그런 걸 노인네가 나는 여기 와서 죽일 수가 없다고, 죽일 때 병원에 가서 못 죽인다 그러고 집에 가 죽인다 그러고 델고(데리고) 오셨어. 델고 와 가지고 그냥 뭐 그때는 뭐 귀신이 씌워서 그렇다 그래갖고 무당부터 이리 오고 별짓 다했어요. 굿도 해고. 침도 맞으러 가고 병원에도 가고. 뺄짓 다했었어. 돈 엄청 썼어요. 그래도 안 나아 가지고, 그냥 내가 여기 올 때는 이런 장사한다고 여기와 따로 있었어. [그 전에는] 나는 시어머니하고 살고, 이 양반은 여기와 따로 있고. 그런데 나 여기 온 새에 애가 죽어버렸어. 열두 살에. 죽는 것도 못 봤어. 병원에 그러니까 갔다가 와 가지고 머리를 수술해라 해서 노인네가 델고 와 가지고 그질로 그냥 집에 놔두고, 참 뭐 약 이렇게 좋대는 약 다 지어다 멕이고 무슨 약을 지어다 먹였는지 몰라. 그러고 그냥 뭐 어디 가서 또 노인네가 물어보고 뭐 귀신이 실렸다 해 가지고 무당을 불러다가 굿을 허고. 뭐 별짓 다 했어. 그래도 안 나요. 그렇게 그냥 약만 사다가 참 멕이다 죽은 거예요. 죽은 거.

머리가 안 좋아서 그렇다고 병원에서 그런 건가요?

응. 그렇다고 수술해라 그러더래요. 나는 가보지 않았걸랑. 노인네가 저기 델고 가서 병원에 가서 이틀 밤인가 하룻밤만 자고서 그냥 와 가지고 안 갔어. 그러고 시내로 인제 이런 시골에 살았는데 시내로 그냥 맨날 업고 요런 병원에 가서 약만 타 가지고 와서 애 데리고 가서 내가 업고 가서 타 가지고 오고. 그래고선 아무것도 안 들었어요. 그래 그냥 죽은 거예요.

자녀분들 학교에 보내실 때 혹시 기억나세요?

학교 다닐 때도 저 아버지가 여와(여기 와) 이렇게 있으니까, [아이들이] 할머니하고 있으니까 좀 불편한 적이 많긴 많았았겠지. 그치만 뭐 그걸 노인네보고 하소연을 할 수가 있나요. 어떻게. 그냥 속이 썩어도 그냥 사는 거지. 어떻게 살았는지도 모르고, 세월이 어떻게 지나갔는지도 모르고 이렇게 살다 보니께 늙었어요. 글쎄. 뭐했는지도 모르고 그냥 살다 보니까 늙어 가지고 무슨 세상을 어떻게 지냈는지 뭔 세상을 무섭게 지냈는지, 그러고 살았어.

결혼하실 때 생각은 나세요?

그것도 뭐, 그냥 결혼을 집에서 했는데 그때 집에서 구식으로. 그냥 해도 그때는 사진도 안 찍고 뭐 이런 시골에서야 뭐 시골 이런 산등성이 넘어서 가마를 타고 갔어요. 저 신랑집으로. 그래 가지고 거기 가서 뭐 그냥 하룻밤을 치루고, 이제 그러고 나서 몸만 있다가 남편이 또 군인을 가서 맨날 그냥 혼자 살은 거예요.

그때 뭐 패물은 어떤 걸 받으셨나요?

패물로 받은 거는 그걸 다 잊어먹었는데 금반지, 금비녜, 금귀게 그거 [받았지]. 근데 금비녜는 있는데 반지하고 귀게하고는 없어. 잊어먹었어. 그 비녜는 있어. 인제 쪽질 같은 거. 비녜는 있는데 반지하고 귀게하고는 잊어먹고(잃어버리고). 언제 잊어먹었는지도 몰러. 그런 걸 말이유. 사느라고 하도 저기해서 그런지 그런 걸 이렇게 챙기질 않어. [유똥 치마하고 모분단저고리 이런 것도 해 줬는데] 그게 함폴이야. 그때는 그게 아주 최고라 그랬어. 함 손님 중에 최고라고 그랬어. 그때야 뭐 뭣도 몰르고 좋댔죠. 나이가 어리니까 뭘 모르고 좋았죠.

혼수는 어떤 걸 해 오셨어요?

혼수? 그냥 이부자리 해왔지. 그때는 혼수도 많이 안 해오고 자기 입을 걸만 뭐 언제까지 입는다는 그 옷만. 옛날에는 혼수도 많이 해오는 것도 없고, 무명치마 그런 것뿐이 없었어. 광목치마.

주

1. 여동생을 제외한 남자 형제가 네 명이었음을 가리킨다.
2. 본채 앞에 있는 사랑채를 가리킨다.
3. 본채 앞에 있는 사랑채를 가리킨다.
4. 1963년 자유민주당 소속으로 제6대 국회의원에 당선되었다.
5. 1960년대 야당이었던 자유민주당을 가리킨다.
6. 함경북도 원산으로 나갔던 일을 가리킨다.
7. 현재 충주호 선착장이 있는 곳을 가리킨다.
8. 2004년 6월 22일 미군에 각종 물품을 제공하던 한국 군납업체인 가나무역의 직원 김선일이 이라크의 무장단체 알 타우히드 왈 지하드에 납치되어 피살된 사건을 가리키는 것으로 보인다.
9. 고향인 충주를 가리킨다.
10. 이종수 씨의 본가를 가리킨다.
11. 장씨 성을 지녔다는 것을 의미한다.
12. 친구 이종수 씨를 가리킨다.
13. 전화를 그만 사용하겠다는 내용의 신고서를 가리킨다.
14. 친척 중에 고무공장을 운영하는 사람이 있었는데, 그 상호가 '대광 고무공장'이었다.
15. 전쟁기피자인 경상도 친구가 원산에서 헌병대에 붙들려 갔다가 나온 것을 말한

다.
15. 강이나 개울가에 펼쳐진 포전.
16. 인천상륙작전에서부터 중공군이 남하하는 과정까지를 이야기하고 있다.
17. 부대에서 나누어 준 흰색 모포를 가리킨다.
18. 참전용사를 위한 묘지를 가리킨다.
19. 목재나 돌 따위의 크기나 면적을 재는 단위를 가리키는 일본어이다.
20. 나무를 사는 사람을 가리킨다.
21. 단양군청 재무과에 있던 박동선을 가리킨다.
22. 양평이나 강화에서 이십 원씩 주고 나무를 산 사실을 가리킨다.
23. 식재에 방해가 되는 잡초, 덩굴식물, 사죽, 관목, 나뭇가지 등을 제거하는 식재 준비작업. 인공조림의 준비로서 조림지에 있는 잡초목 및 말목과 가지를 제거해서 묘목의 식재에 적당하도록 정리하는 것을 말한다. 순화된 용어는 조림(예정)지 정리작업이다.
24. 구술자의 장남이 낳은 둘째 아들을 가리킨다.
25. 불 때는 곳을 가리킨다.
26. 구술자든 아내든 누군가 하나는 집에 남아서 숯가마를 살펴보아야 하기 때문이다.

가계도

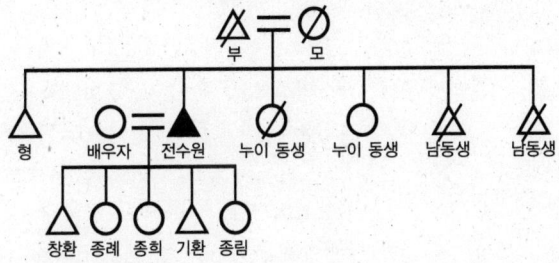

△ 남자
○ 여자
／ 사망

연보

1930년 1월 12일(1세)   충주에서 출생.
1939년 4월(10세)   충주 엄정초등학교 입학.
1945년 4월~8월(16세)   졸업 후 육군양성소에서 합격통지서를 받았으나 형님과 함께 보국대 일을 하느라고 입소 기한을 넘기는 바람에 들어가지 못함.
   이후 당숙이 운영한다는 '대광 고무공장'에 취직하기 위해 서울로 올라옴.
   당시 당숙모가 아파서 집으로 내려가라고 했으나 집으로 돌아가지 않고 미장이 일을 도우면서 20원을 벌었음.
   그리고 답십리에서 '흙구루마'를 끌면서 일당 5원, 밥값 1원 60전을 받기로 했으나 임금을 제대로 받지 못함.
   일본인들이 샘 파는 곳에서 일하다 경상도 친구를 만나 함께 만주로 가기로 하고 서울을 떠남.
1945년 8월 15일(16세)   만주로 가던 도중 원산에서 해방 소식을 알게 됨. 이후 삼팔선 북쪽에서 장사를 함.
1947년(18세)   보따리 장사를 하던 분이 중매를 하여 결혼을 함.
1949년 12월(20세)   9명이 함께 삼팔선을 넘어 남쪽으로 내려왔으나 모두 총에 맞아 죽고 구술자 혼자만 살아남.

1950년 6월 25일(21세)	6·25전쟁 발발.
1951년 1월 4일(22세)	1·4후퇴 당시 동네 사람 100명을 이끌고 울산에 있는 훈련예비사단으로 내려감. 이곳에서 훈련 마치고 제주도 장승포로 들어감.
1951년 4월 10일	6·25전쟁 중에 군 입대
1951년 6월	제주도에서 훈련을 받고 9사단 배치. 미군 20사단 병력과 함께 603고지 전투 수행. 이 시기에 부친 돌아가심.
1953년 8월(24세)	백마고지 전투 중 허벅지 부분에 파편이 박혀 8월 24일 병원으로 후송. 병원으로 후송된 지 3일 만에 휴전협정 체결됨. 제대 후 고향인 충청도로 돌아와 1961년을 전후한 시기까지 목재 장사를 함.
1961년(32세)	5·16 이후 산림자원 반출 허가가 나지 않아 불법으로 목재 판매를 함.
1960년대 말	부리던 인부 중에서 숯 굽는 재주를 지닌 사람이 있어 숯 굽는 일에 관심을 갖게 됨. 이후 주로 산에다 가마를 만들고 숯을 구워 팔았음.
1970년(41세)	여주군 산북면 하품리에 집을 사서 이사를 옴. 집 안에다 직접 가마를 만들고, 이곳에서 숯을 구어내기 시작함. 이 가마는 2009년 현재에도 그대로 사용하고 있음.
1970년대 초	한국일보 조림시범단지 조성사업에 참여했으나 오랫동안 사업대금을 받지 못해 고초를 겪었다고 함.
1994년(65세)	모친 돌아가심.
1999년(70세)	제 1회 '경기 으뜸이'로 선정됨.
2009년(80세)	현재에도 여전히 숯을 굽고 있음.